KOSMOS
REISE
FÜHRER
NATUR

Weitere Taschenbücher für Naturfreunde

Pflanzen

Aichele, Das blüht an allen Wegen – Aichele, Hier find ich Deutschlands schönste Pflanzen – Aichele /Schwegler, Bunte Welt der Alpenblumen – Aichele/Schwegler, Die Natur im Jahreslauf – Bechtel, Bunte Welt der Kakteen – Bechtel, Bunte Welt der Zimmerblumen – Bechtel, Exotische Orchideen – Haas/Schrempp, Pilze, die nicht jeder kennt – Haas/Schrempp, Pilze in Wald und Flur – Kohlhaupt, Bunte Welt der Orchideen – Kremer, Pflanzen unserer Küsten – Kult, Kosmos-Pilzfibel – Rein, Bunte Welt der Gartenblumen – Rüdt, Heil- und Giftpflanzen – Sanderse, 60 Aquarienpflanzen – Sanderse, Pflanzen als Aquarienschmuck – Schönfelder, Das blüht am Mittelmeer – Zech, Bäume und Sträucher – Zech, Bunte Welt der schönen Rosen

Tiere

Adrian, Große Hunde – Adrian, Kleine Hunde – Aichele, Das fängt man mit der Angel – Bechtel, Bunte Welt der Stubenvögel – Bechtle, Bunte Welt im Terrarium – Entrop, Muscheln und Schnecken an Europas Küsten – Harde/Pfletschinger, Bunte Welt der Käfer – Jurzitza, Unsere Libellen – Neugebauer, Korallenfische im Aquarium – Nissen, Pferde und Ponys – Pfletschinger, Bunte Welt der Insekten – Pfletschinger, Einheimische Spinnen – Rein/Zech, Wunderwelt der Schmetterlinge – Rohm, Bunte Welt der Vögel – Splechtna/Hilgers, Niedere Tiere im Meeresaquarium – Schwammberger, Bunte Welt der Tiere – Thies, 62 Katzen in Farbe – Weiß, Bunte Welt der Tropenfische – Weiß, Fische fürs Gesellschaftsbecken

Minerale, Steine und Versteinerungen

Hartmann/Binnewies, Edelsteine – Lieber, Bunte Welt der schönen Steine

Biotopführer

Aichele/Schwegler, Lebensraum Alpen – Aichele/Schwegler, Seen, Moore, Wasserläufe – Aichele/Schwegler, Wald und Forst

Kosmos-Reiseführer Natur

Ballenberger, Die Schwäbische Alb in Farbe – Bechtel, Das Münsterland in Farbe – Bechtel, Der Niederrhein in Farbe – Bechtel, Ostafrika in Farbe – Bechtle, Der Neusiedler See in Farbe – Bechtle, Provence und Camargue in Farbe – Bechtle, Stuttgart für Naturfreunde – Botsch/Schniepp, Geologischer Wanderführer. Schwäbische Alb – Gruber, Der Schwarzwald in Farbe – Grupe, Naturschutzpark Lüneburger Heide in Farbe – Haeupler, Der Harz in Farbe – Heierli, Graubünden in Farbe – Janus, Das Watt – Jung, Sauerland und Siegerland in Farbe – Körber, Die Allgäuer Alpen in Farbe – Körber, Das Altmühltal in Farbe – Matthes, Die Felsenküste der Adria – Ortner, Südtirol und die Dolomiten in Farbe – Pott/Schwoerbel, Der Bodensee in Farbe – Roth, Das Bergische Land in Farbe – Roth, Westerwald und Siebengebirge in Farbe – Sauer, Das bayerische Voralpenland in Farbe – Sauer, Die Eifel in Farbe – Streble, Was find ich am Strande? – Tuchen, Die Vogesen in Farbe – Vogt, Teneriffa in Farbe

Wolfgang Bechtle

Die Hohen Tauern in Farbe

Ein Reiseführer für Naturfreunde

Kosmos · Gesellschaft der Naturfreunde
Franckh'sche Verlagshandlung · Stuttgart

67 Farbfotos von Wolfgang Bechtle (66), aus dem Archiv (1) und einer Karte von H.-H. Kropf

Umschlag von Edgar Dambacher unter Verwendung eines Dias von Wolfgang Bechtle
Das Bild zeigt den Hohen Sonnblick im hinteren Teil des Rauristals

CIP-Kurztitelaufnahme der Deutschen Bibliothek

Bechtle, Wolfgang:
Die hohen Tauern in Farbe: e. Reiseführer
für Naturfreunde / Wolfgang Bechtle. – Stuttgart: Franckh, 1979.
(Kosmos-Reiseführer Natur)
ISBN 3-440-04747-4

Franckh'sche Verlagshandlung, W. Keller & Co., Stuttgart / 1979

Printed in Italy / Imprimé en Italie / LH 14 be / ISBN 3-440-04747-4
Satz: Fotosatz Schönthaler, Ludwigsburg
Herstellung: Grafiche Muzzio, Padua / Italien

Die Hohen Tauern in Farbe

Krimmler Wasserfälle: Dazu ein Vorwort

Der Platz in diesem kleinen Buch ist knapp. So wollen wir versuchen, uns ein eigenes Vorwort zu schenken, und die paar Sätze, die für unsere Tauernreise notwendig sind, gleich in das erste Kapitel mit einzubauen.

In medias res also: Ich darf Sie, lieber Leser, bitten, auf dieser Bank, die vom Krimmler Fremdenverkehrsverein gestiftet ist, mit mir Platz zu nehmen. Und jetzt sagen wir zunächst mal gar nichts. Denn Sie sollen nicht um den privaten Genuß des Anblicks des untersten Krimmler Wasserfalls, dem großartigsten der ganzen

Bild 1. Karte der Hohen Tauern mit den wichtigsten Tälern. (Ausführlichere Informationen findet man in Wanderkarte 1:100000, z. B. in den Freytag + Berndt-Wanderkarten 19, Goldberg – Aukogel, Radstädter Tauern und 20, Glockner- und Venedigergruppe.)

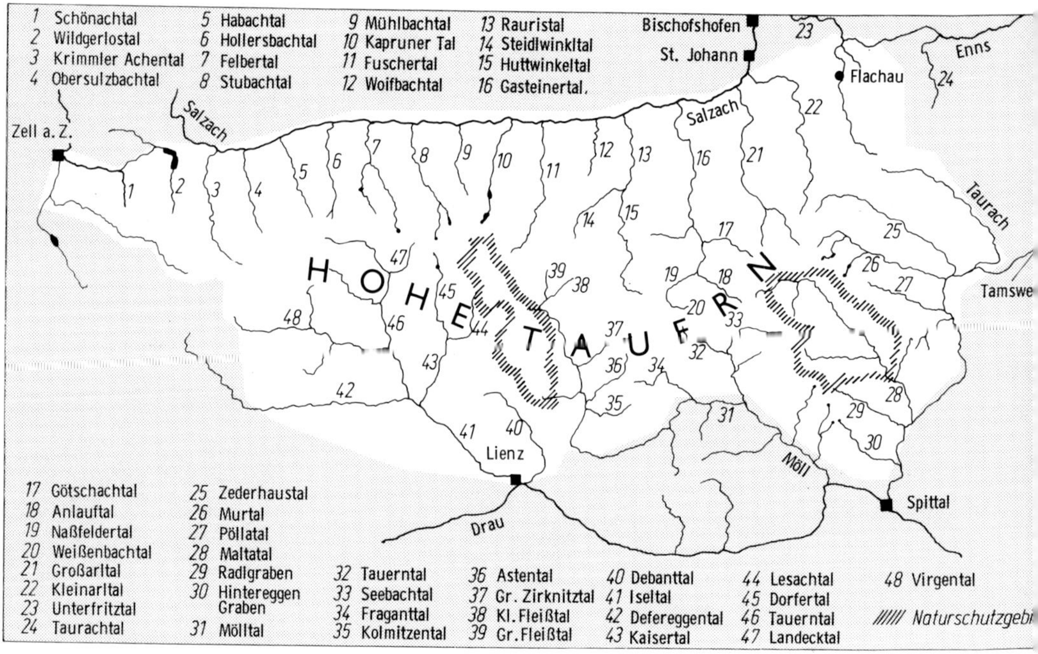

Bild 2. Ein Nationaldenkmal Österreichs ist der Krimmler Wasserfall, der hier in seinem unteren Teil mächtige Wolken von Wasserstaub aufwirbelt.

Bild 3. Drei bis vier Stunden dauert die Wanderung, um die drei Stufen der Krimmler Wasserfälle von insgesamt 380 m Höhe zu überwinden.

Alpen, gebracht werden. In breitem Schwall kommt er über die dunklen Felsen herunter und hüllt seinen zischenden Aufprall in dichte Wasserschleier.
Ein nationales Naturdenkmal, diese Krimmler Fälle. Solange man ihnen nicht das Wasser abgräbt. Da ist man heutzutage in den Alpen nicht sicher. Es sollen schon Pläne, die Krimmler Ache abzuleiten, in Schubladen liegen. Hoffentlich kommen sie da nie heraus.
Die Krimmler Ache, die wir hier unten niederstürzen sehen, überwindet die Stufe zwischen dem Hochtal und dem Becken in drei schönen Kaskaden mit einer Gesamthöhe von 380 m. Der oberste, in der Wasserfallklamm gelegene Fall ist 140 m hoch; er liegt in 1450 m Seehöhe. An ihn schließt sich ein flacherer Talboden, das „Schönangerl" an, dem die beiden nächsten Fälle, je 100 m und 140 m hoch, folgen. Man

Bild 4. Von den Aussichtskanzeln aus sieht man die Krimmler Ache talwärts toben.

sollte über den Promenadenweg hinaufwandern und sich von den Aussichtskanzeln im Wald die Wasserschauspiele in Ruhe betrachten.

Diese Stufen, über die das Wasser der Krimmler Ache fällt, sind dadurch entstanden, daß dem harten Granitgneis des Krimmler Tales gegen Norden weichere Kalke, Dolomite und Rauhwacken der sogenannten „Krimmler Trias" vorgelagert sind, die der Ausräumung durch die eiszeitlichen Gletscher weniger lang widerstanden. Erst im Zentralgneis fand die rückschreitende Erosion der Krimmler Ache harten Widerstand; es entstanden Steilstufen, die heute noch dem Angriff des Wassers widerstehen.

Die bedeutendste Mineralfundstelle des Krimmler Tales ist das Söllenkar (2876 m). Von dort stammen riesige Scheelit-Kristalle, auch Epidote und Apatit.

Doch nun zum Vorwort: Wir sind über die Kufsteiner Autobahn gekommen und hinter den Orten Wörgl und Brixlegg nach links über Straß, Fügen nach Zell am Ziller abgebogen. Von dort fuhren wir den landschaftlichen schönen Gerlospaß (Moore und Zwergbirkenbestände) bis Krimml. Unsere weitere Route wird uns in die meisten der nördlichen Glocknertäler führen, deren Bäche allesamt in die Salzach münden. Leider kann es nicht für jedes Tal eine eigene Beschreibung geben – dies füllte ein umfangreiches Werk. Die Auswahl ist indes so getroffen, daß die meisten Punkte, die ein an Flora, Fauna und Mineralien interessierter Naturfreund gesehen haben muß, aufgeführt sind.
Apropos Mineralien: Dies soll kein Buch sein, das der schon weit verbreiteten Zerstörung von Fundstellen Vorschub leistet. Es gibt Bücher, die sämtliche Fundpunkte von Mineralien in den Hohen Tauern angeben – wer nur zum Sammeln und Ausbeuten in die Berge kommt, mag sich dort seine Tips holen. Dies hier ist eine Sammlung von Anregungen für vielseitig interessierte Naturfreunde, die etwas sehen und verstehen lernen wollen.
Nur einige wenige Stellen für einen geologischen „Aktiv-Urlaub" habe ich angegeben. Leichten Gewissens, weil diese Plätze jedermann kennt und sie schon seit Jahrzehnten besucht werden. So gehen wir nach Heiligenblut, um im Fleißbach Gold zu waschen, oder wir fahnden nach ampelgrünen Smaragden im Habachtal. Für die Freunde von Kleinst-Mineralien haben wir die Fundstelle der Plattenbrüche im Rauristal genannt; auch sie ist längst kein Geheimnis mehr.
Über Fortschritte des Vorhabens „Nationalpark Hohe Tauern" hätten wir gern berichtet. Nur gibt es leider keine. Seit dem 21. Oktober 1971, als die Bundesländer Kärnten, Salzburg und Tirol die Gründung dieses Parkes beschlossen haben, ist nicht viel geschehen. Erst 1975 kam ein Planungsstab in Matrei/Osttirol auf die Beine, der Informationsabende in den einzelnen Gemeinden abhält, um die örtlichen Grundbesitzer über das Projekt zu informieren. Vier Jahre sind verschenkt worden, in denen der Impetus der Gründung sich hätte fort und durchsetzen sollen. Denn die Energiewirtschaft, der berüchtigte „Wasserklau" der Tauernbäche, ist wach und weiß, daß sie, wäre der Nationalpark erst mal da, genau wie die Hotelbauer mit Schwierigkeiten zu rechnen hätte. Warten wir, was geschieht. Und hoffen wir, daß dieser Nationalpark Hohe Tauern, der eine der schönsten Gebirgslandschaften der Alpen umfassen wird, nicht als Blaupause in einem Schrank verblaßt.
Zum Schluß einen platzsparenden Gruß: Fahren Sie gut und vorsichtig. Die Sonne soll Ihnen scheinen. Gold soll für Sie blinken, Smaragde sollen Ihnen entgegenlachen. Aber bitte: Lassen Sie das Edelweiß stehen und den Alpensalamander seines Weges ziehn. Vielen Dank! W. B.

Sulzbachtäler: Kellerhütte und Knappenwand

Von Krimml fahren wir nach Osten, der Salzach entlang, ein paar Kilometer nur. Dann kommen Abzweigungen nach rechts: Zuerst das Obersulzbachtal, das wir jedem Naturfreund als Urlaubsziel empfehlen wollen, und gleich danach die nächste: das Untersulzbachtal, ein Pflicht-Tagesausflug für Mineralienfreunde. Denn hier befindet sich am Taleingang die berühmte „Knappenwand", die auf der ganzen Welt als Fundort der schönsten Epidote bekannt ist. Die Knappenwand, die man nach einem ungemein romantischen Aufstieg durch einen mit Bartflechten behangenen Fichtenwald entlang den herabtosenden Wassern des Untersulzbaches erreicht, stellt sich vom Wanderweg her zunächst als ein ansteigendes Blockkar vor, dessen Trampelpfad hinauf zur eigentlichen Knappenwand führt. Diesen Fundplatz kennt jeder Besucher, und jeder versucht auch, sich wenigstens ein Souvenirstückchen mit einer Spur Epidot mit nach Hause zu nehmen. Das Kar vor der Knappenwand würde bald einem umgewühlten Sturzacker gleichen, wenn nicht das Wiener Naturhistorische Museum als Pächter des Gebietes aufträte und mit einem Hinweisschild verböte, an der Knappenwand Mineralien aufzusammeln oder gar zu graben. Dessenungeachtet durchstreifen täglich Scharen von Touristen diesen klassischen Fundort, und aus ihren streng zur Erde gerichteten Gesichtern kann man entnehmen, daß sie sich ohne weiteres nach einem Epidot bücken würden (wenn das so einfach wäre). Immerhin: Wer mit Mineralien ernsthaft umgeht, sollte den Ausflug hierher nicht scheuen. Eine berühmte Fundortsbezeichnung, die man seither nur vom Papierschildchen her kannte, bekommt hier Leben.
Aber nun zu unserem Urlaubsvorschlag für Naturfreunde in den Hohen Tauern. Ich darf Sie zu diesem Zweck mit Herrn Hansl Dengg, Sulzau Nr. 65, 5741 Neukirchen am Großvenediger bekannt machen. Neukirchen, das ist der Eingangsort für das Obersulzbachtal und der Hansl Dengg ist Vertragsjäger des „Vereins Naturschutzpark e.V." (Ballindamm 2-3, 2000 Hamburg 1), was soviel besagt, daß er zuständig ist für die über 5000 ha, die dem Verein im Obersulzbachtal gehören; außerdem betreut er die romantische Hofrat-Keller-Hütte im gleichen Tal. Diese aus Holz erbaute Unterkunft stellt der VNP für Gäste zur Verfügung, die die Hochgebirgsnatur intensiv studieren wollen und sich dafür etwas Zeit nehmen. Den Namen hat diese Hütte nach dem Verleger Hofrat Keller, dem Begründer des „Kosmos",

◀ Bild 5. Dies ist der berühmte Fundort „Knappenwand“ im Untersulzbachtal.

Bild 6. Solch herrliche Epidotsäulen fand man in der Knappenwand. Dieses Stück ist im Salzburger „Haus der Natur“ ausgestellt. ▶

Bild 7. Um einer Zerstörung der Fundstelle Knappenwand durch rücksichtslose Epidotsammler vorzubeugen, pachtete das Naturhistorische Museum Wien das Gebiet und untersagte alle Privatgrabungen.
▼

Bild 8. Solange in den Alpen noch nicht jeder Wildbach abgeleitet und zu Strom vermarktet worden ist, muß man die Gletscherwasser genießen. Hier der Obersulzbach, der einem Gletschertor bei der Kürsingerhütte am Obersulzbachkees (Gletscher) an der Nordwestflnake des Großvenedigers entspringt.

der sich auch im Naturschutz große Verdienste erworben hat. Die Hütte ist zwar unbewirtschaftet, doch kann man sich sein Essen selber kochen (Revierjäger Dengg bringt auf Wunsch Nahrungsmittel mit seinem Geländefahrzeug herauf), man kann es auch bequem haben und sich in der wenige Minuten entfernten Postalm zum (guten und reichhaltigen) Essen anmelden. Die Hofrat-Keller-Hütte hat fließendes Quellwasser, zwar kein elektrisches Licht, aber Kochherd in der Küche und einen Ofen im Aufenthaltsraum. Geschlafen wird in Zwei- bis Vierbettzimmern; es stehen insgesamt 35 Schlafplätze zur Verfügung. Der Preis für eine Übernachtung einschließlich gestellter Bettwäsche beträgt – und jetzt halten Sie sich fest! – ganze

Bild 9. Das ist die Hofrat-Keller-Hütte im Obersulzbachtal, die der Verein Naturschutzpark Stuttgart-Hamburg den etwas berggängigen Naturfreunden für 2,50 DM pro Nacht zur Verfügung stellt.

2,50 DM. Ich vermute, daß Sie jetzt bereits zum Schreibtisch unterwegs sind, um sich samt Familie für den nächsten Urlaub bei Hansl Dengg anzumelden – wer zuerst kommt, mahlt zuerst.

Vor Ihrem Einzug in der Keller-Hütte haben Sie indes eine nicht unbeträchtliche Probe ihres Gebirgswanderwillens abzulegen: Zwar nimmt Jäger Dengg Ihr Gepäck in seinem Wagen mit hinauf, doch soll er keine Personen transportieren. So bleibt Ihnen die Freude einer etwa vierstündigen Bergwanderung bis zum Urlaubsquartier nicht erspart. Einer schönen Wanderung versteht sich; schicken Sie Ihre Anmeldung nur ab!

Bild 10 (links). An Gemsen kommt man im Obersulzbachtal ziemlich nahe heran.
Bild 11 (rechts). Auch ein kleines Rudel Steinböcke ist in der Umgebung der Hofrat-Keller-Hütte zu beobachten.

Die Hofrat-Keller-Hütte liegt in einem schönen Hochtal (1700 m) und ist ein guter Ausgangspunkt für Ausflüge und Touren: Man kann zum Gletschertor des Obersulzbaches vordringen oder auch größere Tagesausflüge zum Foiskar- und Seebachsee machen. Beliebt ist der sportliche Marsch zur Kürsinger Hütte (etwa 2500 m) zu Füßen des Obersulzbachkees, wo man den Großvenediger fast greifbar vor sich hat. Für beschauliche Urlauber, die sich mehr dem Detail widmen wollen, ist schon die nächste Umgebung der Kellerhütte ein floristisches Dorado, in dem man zu den verschiedenen Jahreszeiten alles findet, was in der Bergflora Rang und Namen hat, seien es Orchideen, Türkenbundlilien, Enziane, Gletscherhahnenfuß, Eisenhut, bizarre Disteln oder das immer noch heißgeliebte Edelweiß. Naturfotografen und Blumenmaler kommen hier auf ihre Kosten, aber auch die Mineralienfreunde (und hier wieder besonders die Liebhaber von Mini-Mineralien, die „Micromounter“) werden hier fündig. Die zoologisch Interessierten bekommen hier Steinadler, Alpendohlen, Mauerläufer, auch Murmel, Gemsen und Steinböcke ins Fernglas; außerdem müssen sie aufpassen, daß sie nicht über die vielen Alpensalamander stolpern, die sich nach jedem Regen auf den Bergwiesen um die Keller-Hütte einfinden. Die Alpensalamander sind kleine, einfarbig schwarze Schwanzlurche (wie kleine Feuersalamander, aber ohne Fleckung), und sie bekommen zwei Junge, die kein Larvenstadium mehr durchmachen müssen, sondern bei Geburt schon „landfähig“ sind.

Über die Steinböcke müssen wir noch sprechen. Es ist ja keineswegs selbstverständlich, daß dieses urige Bergwild im Obersulzbachtal vorkommt; wenn Jäger Dengg seinen Gästen die kleine Steinbockgruppe im Fernglas zeigt, dann tut er es nicht ohne Stolz. Dieses Wild hat nicht jeder im Revier.

Seit jener berühmt gewordenen Steinwildwiedereinbürgerung im Blühnbachtal von Gustav Krupp-Bohlen im Jahre 1927, einer Kolonie, die heute 40 Köpfe zählt, ist in Österreich der Steinbock, der nur im italienischen Gran Paradiso-Gebiet überlebt hatte, wieder heimisch. Im Jahre 1975 sind 17 Stück Steinwild (vermutlich von Heiligenblut) in das Mühlbachtal bei Niedernsill übergewechselt; im Jahr 1977

Bild 12 (links). Natürlich ist auch der Rothirsch hier zu finden.

Bild 13 (rechts). Nach jedem Regen sind im Obersulzbachtal viele Alpensalamander auf den Bergsteigen zu sehen.

Bild 14 (links oben). Stachelige Kratzdistel (*Cirsium spinosissimum*).
Bild 15 (links unten). Kahler Alpendost (*Adenostyles glabra*).
Bild 16 (oben). Blauer Eisenhut (*Aconitum napellus*).

wurden dort noch 6 Tiere beobachtet. Auch in Kärnten gibt es außer der Kolonie bei Heiligenblut mit 25 Stück Steinwild noch eine im Maltatal mit 20 Tieren. Diese Steinbockvorkommen im großen Bereich der Tauern sind nun um eine neue Wiederansiedlung im Obersulzbachtal bereichert worden.

Der „Verein Naturschutzpark" hatte schon im Jahr 1976 vom Innsbrucker Alpenzoo eine Gruppe von acht Stück Steinwild erworben, die sich im Frühjahr 1977 durch die Geburt von drei Kitzen auf elf Stück (vier Böcke und sieben Geißen) vermehrt hatte. Diese elf Tiere sind im September 1977 ins Obersulzbachtal gebracht worden, wo Jäger Dengg ein Eingewöhnungsgatter mit Futterstadel und Salzlecke gebaut hatte. Man wollte das Rudel 1978 kurz vor dem ersten Almauftrieb der Rinder in die Freiheit entlassen.

Die Steinböcke haben aber den Zeitpunkt ihrer Freilassung selber bestimmt. Im Februar 1978 fiel im Obersulzbachtal enorm viel Schnee, dazu fegte der Föhn hohe Schneewehen zusammen – und über eine solche Schneewehe an der Gatterinnenseite sind die Tiere ins Freie gekommen. Jäger Dengg staunte nicht schlecht, als er am 10. Februar seine Schützlinge noch brav im Gatter sah, beim nächsten Kontrollgang am 12. Februar aber kein einziges Tier mehr finden konnte. Erst später hat er festgestellt, daß die Steinböcke sich etwa 300 m höher an einer Stelle, wo kein Schnee war, einen neuen Einstand gesucht hatten. Mit keinem Leckerbissen waren die Ausreißer wieder ins Gatter zurückzulocken.

Natürlich hofft die ganze Belegschaft der Hofrat-Keller-Hütte samt dem Jäger Hansl Dengg und allen Mitgliedern des Vereins Naturschutzpark, daß die Steinböcke nicht auswandern und sich eine ortstreue „Obersulzbach-Kolonie" entwickelt.

Bild 17 (unten). Bewimperte Alpenrose (*Rhododendron hirsutum*).

Die auf den vorangegangenen Bildern 14–17 abgebildeten Pflanzen blühen im August im Obersulzbachtal. Im Frühjahr gibt es große Mengen von Türkenbundlilien und Orchideen.

Habachtal: Nur keine Gösser-Smaragde!

Im Vorwort haben wir versprochen: Wir nennen keine Mineral-Fundplätze. Wir wollen nicht schuld sein an Zerstörungen, die von ahnungslosen Amateuren oder gierigen Profis angerichtet werden. Trotzdem erzählen wir hier vom Habachtal. Aber da ist nichts mehr zu verheimlichen: Dies ist ein weltbekannter Fundort für Berylle aller Varietäten, und man braucht nur auf die allgemein erhältliche Wanderkarte zu blicken – da steht beim Gasthaus „Alpenrose" schlicht und einfach darüber „Smaragdbergwerk, verf.". Es ist also alles klar.

Aus dem Westen oder von Osten her können Sie ins Habachtal kommen. Entweder vom Krimmler Wasserfall (Gerlos-Paß) an den beiden Sulzbachtälern vorbei immer an der Salzach entlang bis Neukirchen am Großvenediger. Nach wenigen Kilometern hinter dem Ort biegt man dann rechts nach Habach ein. Von Osten her kommen Sie über den Paß Thurn nach Mittersill, halten sich rechts nach Westen und erreichen über Hollersbach vor Neukirchen die Abzweigung links nach Habach. Beim Gasthaus „Habachklause" gibt es einen Parkplatz für die Habachtalbesucher – das ist gut so. Denn ein nicht ganz unbeschwerlicher Zweieinhalbstundenaufstieg bis zur nächstmöglichen Unterkunft hält viel uninteressiertes Volk davon ab, sich im Smaragdgebiet herumzutreiben. Es sind in den drei Saisonmonaten August, September, Oktober (ein Dreivierteljahr liegt dort Schnee) schon genug Leute da, die den grünen Steinchen nachjagen. Der Ausflug zu den Smaragden findet also per pedes statt, und er dauert, will man etwas sehen oder gar finden, einige Tage. Man übernachtet nicht vornehm, sondern zünftig, sei es im Matratzenlager oder in (nur beschränkt vorhandenen) Ein- oder Zweibettzimmern.

Zum Gepäck: Sie brauchen außer dem Übernachtungszeug noch gute Wanderstiefel mit Profilsohlen (wenn Sie später im Wasser arbeiten wollen, auch noch Gummistiefel), dazu guten Regenschutz. Wollen Sie ernsthaft Smaragde suchen, benötigen Sie noch ein rechteckiges, an den Rändern fünf Zentimeter hochgeschlagenes Sieb mit einer Maschenweite von etwa 3–4 mm, dazu eine kurzstielige Schaufel und nicht zuletzt einige Meißel und Fäustel (der elegante Geologenhammer hat zu wenig Kraft beim Steinezertrümmern). Ein Vergrößerungsglas zum Betrachten der meist winzigen Kristalle in der Matrix (Muttergestein) empfiehlt sich, dann noch Tüten und Einwickelpapier für etwaige (sehr etwaige!) Funde.

Wie überall, wenn man von der Salzach her in die Tauerntäler eindringt, ist auch im Habachtal der Aufstieg von schönen Berg- und „Wasserszenen“ begleitet. Links vom Weg rauscht der Habach ungezähmt über die Felsen, eingehüllt in grüne Farnwälder; von den Bergfichten und Lärchen hängen die langen Bärte der Flechten. Immer wieder kommen Rinnsale, die ein herrliches Trinkwasser führen, von den Hängen herab und lassen die verschiedenfarbigen Steine erglänzen. Doch lohnt es sich hier noch nicht, auf Mineraliensuche zu gehen. Nach zwei Stunden Aufstieg taucht in dem etwas flacher werdenden Hochtal das Gasthaus „Enzian“ auf, eine halbe Stunde später die „Alpenrose“; beide Unterkünfte sind gleich gut und werden von den „Stoaklopfern“ frequentiert. Sie werden kaum einen Bericht über das Habachtal lesen, in dem nicht einer der beiden Gasthausnamen vorkommt.
Wir selber wohnten in der „Alpenrose“, weil man von dort aus eine halbe Stunde Marsch zum Graukogelkar spart. In der Wirtsstube darf man seine Pullover und Socken an das Holzgerüst beim Ofen hängen; zusammen mit einer deftigen Erbswurstsuppe und einem Viertel Tiroler gibt das jenen unaussprechlichen Gout, der Bergsteigerhäuser auszeichnet. Am Abend, wenn die Mannen und Damen von den Exkursionen heimkehren, wenn die Gitarre klimpert und die Funzel brennt, dann wird Mineraliensucherlatein gedroschen, daß sich die Balken biegen. Allerdings zieht immer mal der eine oder andere seine Belegsteinchen aus der Tasche, um zu beweisen, daß er nicht bloß schwadroniert. Mein Nebenmann hat einen Smaragd von 18 Karat – nein, nicht gefunden, nur gesehen, wie ihn einer gefunden hat. Und eine Dame im Salzburger Trachtenlook trägt einen Ring mit einem sehr schönen, mehrkarätigen Smaragd, den ihr Mann vom Graukogelkar mit heruntergebracht hat. Draußen, in der Vitrine der „Alpenrose“ sind einige Sammlerstücke – Smaragde im Muttergestein – zu sehen. Und für gute hundert Mark und darüber auch zu kaufen.
Der grüne Stein vom Habachtal gehört zur Gruppe der Berylle, von denen es verschiedene Farbvarietäten gibt. Der „Gemeine“ Beryll ist weiß bis gelb oder grünlich und trüb, Smaragde sind durchsichtig mit dem charakteristischen „Ampelgrün“, farblos bis meerblau oder blaugrün zeigen sich die Aquamarine, der Heliodor ist hell gelbgrün, der Goldberyll goldgelb, der Morganit schließlich zeigt eine rote oder rosa Farbe. Die Berylle bilden sechsseitige, säulige Kristalle.
Der Smaragd ist ein schon aus alten Zeiten bekannter Edelstein. Man fand ihn als Grabbeigabe ägyptischer Mumien. Plinius erwähnt, der „berillus“ sei wohltuend

Bild 18. Dies ist die Fundstelle für Smaragde im Habachtal: das Graukogelkar. Man sucht die Steine ▶ aus dem Steingrus herauszuwaschen. Das Betreten der einstigen Smaragdstollen ist verboten.

Bild 19. Dies ist eine Seltenheit: ein Kreuz, aus Smaragdsäulen zusammengewachsen. Fundort: Habachtal. Zu sehen im „Haus der Natur“ in Salzburg.

für die Augen, und er berichtet, daß Kaiser Nero die Kampfspiele durch einen Smaragd betrachtet habe. Man nahm an, dieser Smaragd sei brillenähnlich geschliffen gewesen, und dachte, der Name „berillus“ leite sich von der Brille ab. Die Wertschätzung für den Smaragd ist über Jahrtausende nicht gesunken, der Stein gilt heute soviel wie der Rubin. In der Wiener Schatzkammer liegt ein Smaragd von 2205 Karat, Habacher Smaragde zieren auch den Kronschatz der englischen Königin, man findet sie in mancher Kirchenmonstranz des Pinzgaues als Schmuck, und wer sich für schöne Sammlersteine interessiert, dem sei ein Besuch in Salzburgs „Haus der Natur“ empfohlen; dort sind die beiden Smaragde ausgestellt, die wir hier im Foto abbilden. Droben im Graukogelkar findet man (wenn überhaupt) in fast allen Fällen nur mehr oder weniger getrübte Smaragde in Biotithornblendeschiefer, schleifwürdige Qualitäten sind äußerst selten. Wenn aber ein Habacher

Bild 20. Nicht nur wegen der Smaragde und Berylle ist der Habach bemerkenswert. Auch für Naturfotografen bietet er Motive. ▶

Smaragd wirklich einmal rein und mit schöner Farbe auftaucht, übertrifft er an Feuer alle Steine anderer Fundorte, er hat den höchsten Lichtbrechungsindex.
Hier in den Hohen Tauern drangen vor vielen Jahrmillionen beryllhaltige Lösungen des zum Zentralgneis erstarrten Magmas in die Klüfte und Spalten der lockeren Schieferhülle und kristallisierten dort aus. Das zur Bildung des Smaragds erforderliche Chromoxid wurde dabei von den Mineralien der Schieferhülle geliefert. Durch den Kontakt mit den heißen Beryll-Lösungen wurden auch die Gesteine der Schieferhülle zu kristallinen Schiefern umgewandelt. Nicht nur Smaragde, Berylle und Aquamarine finden sich in der Umgebung des Habachtales – die Sammler finden auch Turmalin (Schörl), braunen Zoisit, Epidot, Pyrit, Magnetit, Aktinolith (Strahlstein), Rutil, Brookit, Anatas, Sphen, Periklin, Adular, Bergkristall, Rauchquarz, Natrolith, Scheelit, Breunnerit und Serpentin.
Es gibt eine Menge Geschichten um den Smaragdbergbau im Habachtal, sie füllen ein ganzes Buch. Man glaubt, daß schon die Römer, die überall in den Tauern auf der Suche nach Gold und edlen Steinen waren, um sie ihren Kaisern zum Präsent zu machen, schon im Habachtal nach Smaragden graben ließen. Sicher und belegbar ist aber erst eine Edelsteinsuche aus dem 17. Jahrhundert. Lange war die Fundstätte dann in Vergessenheit geraten, bis im 18. Jahrhundert ein Wiener Juwelier das Gebiet am Graukogel erwarb und mit einer bergmännischen Ausbeutung begann. Vier Stollen wurden im Lauf der Zeit in den Berg getrieben, alle übereinander in der smaragdführenden Schicht. Lange Zeit blieben dann die Stollen, weil sie nicht den erforderlichen Ertrag brachten, verfallen liegen, wenn auch immer wieder mal ein Interessent eine Zeitlang mit großem Optimismus zu graben begann – und aufgab. Auch Unbefugte versuchten dauernd, in die Stollen einzudringen, wurden aber zeitweise von dort oben kampierenden Wächtern vertrieben, einmal sogar mit Pistolenschüssen. Heute, da die Stollen wieder von privater Hand gepachtet sind, ist das Betreten für jedermann verboten. Es ist auch keineswegs so, daß man nur in einen der Stollen kriechen müßte, um mit einer Handvoll Smaragden wieder herauszukommen; die wenigen Leute, die sich heimlich hineingewagt haben, brachten außer total verschmutzten Kleidern nichts nach Hause.
Die Wirtin der „Alpenrose" weiß Bescheid, wenn wir ihr sagen, daß wir am Morgen ins Graukogelkar hinauf wollen; sie beginnt als Wegzehrung dicke Brote mit noch dickeren Speckscheiben zu belegen und füllt auch warmes Getränk ab, das den Smaragdwäschern in zweitausend Meter Höhe wohltuen wird. Dann schultern wir das ganze „Graffel", das zum Smaragdwaschen nötig ist, und beginnen, am östlichen Talhang auf schmalem Steig dem Söllgraben entlang den Sedl aufwärts zu stapfen. Am Stammtisch haben wir schon erfahren, was die Rekordzeit für diesen Aufstieg

Bild 21. Sehr schöne Habach-Smaragde. Man nennt diese Farbe, die für den Stein charakteristisch ist, „Ampelgrün".

ist: 40 Minuten brauchen berggängige Profis. Amateure rechnen mit fast zwei Stunden. Als wir am Oberrand des Grabens stehen, kontrollieren wir die Uhr: eine Stunde und fünf Minuten.

Hier öffnet sich plötzlich das weite, von steilen Hängen eingefaßte Graukogelkar, dessen Hintergrund der smaragdträchtige, 2834 m hohe Graukogel bildet. Das Kar ist mit großen und kleinen Steinblöcken übersät, zwischen denen das Schmelzwasser in vielen Rinnsalen den Weg nach unten sucht. Das Wasser, mit dem wir unser mit der Schaufel gewonnenes Material durchspülen müssen, ist eiskalt; die Hände (man kann nur schlecht mit Handschuhen arbeiten) werden sofort knallrot und klamm, auch die Beine (oft steht man mit den Stiefeln im Wasser) entziehen sich langsam der Gefühlskontrolle. Nur das Smaragdfieber macht warm ums Herz und läßt uns das Sieb aufbauen, mit einem hier vorgefundenen Plastikschlauch das Wasser darüberleiten und zwei Stunden lang arbeiten, wie wir es zuhause gegen viel Geld nicht täten.

Man muß doppelt aufpassen: Erst müssen Schieferbrocken mit Hammer und Meißel aufgeschlagen und geprüft werden, ob sie in der Bruchstelle keine Kristalle verborgen haben, dann muß das zerklopfte Material zusammen mit dem etwa walnußgroßen Steingrus auf das Sieb und mit Wasser überspült werden. Hier geschieht die zweite Prüfung: Zeigt sich irgendwo ein grünes Schimmerchen an einem Stein? Man wendet die Bröcklein nach allen Seiten, spült sie immer wieder ab und wirft sie dann hinaus. Ganz am Schluß, wenn man gar keine Lust mehr hat, darf man noch im Plastikeimer unter dem Sieb das Feinmaterial durchprüfen, ob sich nicht hier ein loser kleiner Smaragd hereingewaschen hat.

Einige hundert Meter über uns arbeiten zwei Männer am Sieb. Profis, das sieht man gleich. Wir steigen zu ihnen hinauf (es sind Vater und Sohn), und sie zeigen uns gern ihre heutige Ausbeute: fünf kleine Smaragde, lose und ohne Muttergestein, die sich durchs Sieb gewaschen haben. Alle fünf etwas blaßgrün und trübe, keine Qualität zum Schleifen. Sie werden sicherlich auf der Münchner Mineralienbörse an einem Verkaufsstand auftauchen. Die zwei Profis zeigen uns einen großen Felsbrocken, an dessen Fuß man jede Menge Strahlstein (Aktinolith) herausarbeiten kann. Auch Pyrite finden wir in ziemlicher Menge, zwar etwas klein, aber goldgelb glänzend und in schönen, scharfkantigen Würfeln.

Und einen Smaragd finden wir auch! Mit viel Geschrei versteht sich und mit Indianertänzen. Er steckt – ich habe ihn gerade vor mir liegen – im Muttergestein und streckt seinen grünen, sechskantigen Säulenkopf aus dem Schiefer. Ich muß zugeben, daß ich mich selten mehr über einen Fund gefreut habe. Und auch die Herren Smaragdspezialisten, abends am Stammtisch in der „Alpenrose", müssen bestätigend mit dem Kopf nicken. Jawohl, das ist einer, ein echter. Kein Gösser-Smaragd. Ach so, die Gösser-Smaragde, die kennen Sie ja noch nicht. Sie kommen im Habachtal immer wieder einmal vor, liegen im Bach und wurden auf der langen Talfahrt vom scharfen Geröll abgeschliffen und gerundet. Die Farbe ist sehr schön dunkelgrün. Besonders die Kinder der Feriengäste bringen sie immer wieder an und lassen sie prüfen.

Woher der Name „Gösser" kommt? Das ist ein recht ordentliches österreichisches Bier, das in den Berggasthäusern in Flaschen verkauft wird. Wissen Sie's nun? Gösserbier in dunkelgrünen Glasflaschen, die manche Burschen aus Übermut oben in den Bach werfen, daß sie in tausend smaragdgrüne Scherben zerspritzen. Und diese Scherben, schön vom Bach abgerollt und in Form gebracht, das sind sie, die Gösser-Smaragde.

Kaprun: Ist Technik schön?

Auch als Naturfreund, der um die Werke der Technik gern einen Bogen macht und dafür eintritt, daß nicht alle Alpentäler ihrer Gletscherbäche beraubt werden, muß man doch zugeben, daß die Wasserkraft, solange wir nicht ganz auf Sonnenenergie oder Windräder ausweichen können, immer noch die sauberste Art ist, Energie zu gewinnen. Und wenn man sich die Frage vorlegt, was wohl eine Landschaft mehr verschandeln würde – eine Fabrik mit stinkendem Kamin in den Bergtälern oder eine geschwungene Betonmauer vor einem Stausee im Hochgebirge – muß man einräumen, daß es auch gute, ja fast schöne technische Lösungen gibt. Dazu noch, wenn die Technik, wie dies im Tauernkraftwerk Kaprun geschieht, der Landschaft eine Bereicherung bringt, die vorher nicht da war. Zwei prachtvolle Stauseen in diesem Fall, in denen sich die weißen Gipfel der Dreitausender spiegeln und die mit ihrer Wasserverdunstung sicher guten Einfluß auf die ökologischen Verhältnisse rund um den Mooserboden haben werden.

Und auch im sozialen Bereich darf diese weiträumige Anlage ein Plus für sich buchen: Wer von den vielen Hunderttausenden, die heute mit Autobus und dem originellen Schrägaufzug in kurzer Zeit auf zweitausend Meter Höhe transportiert werden, wäre ohne diese Annehmlichkeiten jemals in den Genuß dieses Stücks prachtvoller Hochgebirgslandschaft gekommen? Fast bis zum Ende des 19. Jahrhunderts gab es keine Möglichkeit, anders als auf den eigenen Füßen zum Mooserboden zu gelangen, und die Straße von Zell am See nach Kaprun war nur ein armseliger Karrenweg. Man fuhr – wenn man begütert war – mit dem Pferdewagen bis zum Kesselfall und konnte hier ein Maultier mieten und sich in 13 Serpentinen bis zur Lindbergalm oder zur Rainerhütte tragen lassen. Heute hält der Autobus mitten auf der Staumauer des Mooserbodensees. Die Gäste können stundenlange Wanderungen in die Berge unternehmen, sie können hier oben im Gasthaus speisen, sie können in schönen Hotelzimmern ein paar Nächte schlafen (eine Möglichkeit, von der man Gebrauch machen sollte, will man dieses Gebiet etwas kennenlernen). Es gibt nicht wenige Besucher, die nur deshalb hier herauf kommen, um die großartige Ingenieurleistung der Stauwerksbauten zu bewundern. Diese technisch interessierten Gäste möchte ich bitten, sich am Kiosk den Prospekt „Tauernkraftwerke AG – Werksgruppe Glockner-Kaprun“ zu kaufen, der auf das Genaueste mit vielen

Bild 22. Energie aus Wasser: Tauernkraftwerke Kaprun. Hier die Limbergsperre. Im Hintergrund das Wiesbachhorn (3564 m).

Karten und Diagrammen über dieses technische Wunder unterrichtet. Es gibt nicht nur diese zwei Stauseen, sondern auch eine durch den Berg getriebene Wasserleitung bis hinüber zum Pasterzengletscher des Großglockners, wo aus dem Margaritzensee Wasser bis hier herüber geführt wird. Der große Vorrat an Wasser, der im Sommer im Stausee Mooserboden und dem tiefer liegenden Stausee Wasserfallboden angelegt wird, gibt diesem Kraftwerk die Möglichkeit, als Langzeitspeicher zu wirken; es kann, wenn andere Kraftwerke Wassermangel haben, mit Energie aushelfen.

Die Berge um den Mooserboden gehören zur Glocknergruppe und sind, wie andere Gebiete der Zentralalpen, vom Zentralgranitgneis aufgebaut, der immer wieder samt seinen ihn umhüllenden kristallinen Schiefern als „Urgestein" bezeichnet wird. Nun sind aber der Zentralgneis und seine Hüllschiefer wesentlich jünger als manche Schichten, die Fossilien führen. Der hohe Druck und die hohe Temperatur, die durch Hebungen, Senkungen oder Überschiebungen großer Gebirgsmassen entstehen, wandeln auch jüngere Gesteine derart um, daß man heute nicht mehr erkennen kann, ob sie ursprünglich vielleicht Fossilien geführt haben könnten.

Die imposanten Dreitausender, die sich im Wasser des Mooserboden-Stausees spiegeln, sind also aus kristallinen Schiefern aufgebaut. Zum Teil sind das Sedimente früherer Meeresbecken, wozu alle Glimmerschiefer gehören, auch jene Kalkglimmerschiefer, aus denen die Gipfel des Großen und des Kleinen Wiesbachhorns, auch des Kitzsteinhorns bestehen. Dieses Gestein ist – frisch gebrochen – von blaugrauer Farbe und verwittert ins Braune; die Glimmerplättchen sieht man in der Sonne glitzern. Andere Meeresablagerungen sind die verschiedenen Phyllite, wie sie am Fuße des Hohen Tenn zu finden sind. Die sicher früher vorhandenen Versteinerungen in diesen Sedimenten sind erst im Tertiär (vor etwa 60 Millionen Jahren) vernichtet worden, als sich die Alpen zu heben begannen.

Auch vulkanische Gesteine kommen vor. Hier am Mooserboden sind das Grünschiefer, vor allem die Prasinite. Am weitesten verbreitet sind Hornblendechloritprasinite, wie man sie auch am Gipfel des Großglockners antrifft. Daneben kommen noch Biotit- und Granatprasinite vor. Diese Grünschiefer erkennt jeder Besucher leicht, da sie kräftig grün gefärbt sind; im Mooserbodengebiet sieht man sie aus den braun verwitterten Kalkglimmerschiefern herausleuchten.

Der Zentralgranitgneis liegt hier tief im Untergrund verborgen, zugedeckt von seiner Schieferhülle. Im Westen und Osten vom Mooserboden taucht aber dieses Tiefen-

Bild 23 (links) und Bild 24 (oben). Auch das ist Kaprun: ein Apollofalter und die duftenden Steinröserln (*Daphne cneorum*).

gestein in der Granatspitz- und Sonnblickgruppe an der Oberfläche auf und durchbricht sein schieferiges Dach. Rund um den dort auftauchenden Granitgneis schließt sich die Schieferhülle wie das Meer um eine Insel. Diese Erscheinung nennt man ein „geologisches Fenster"; es gibt Einblick in tiefergelegene Gesteinsschichten.
Wer auf der mächtigen Staumauer des Mooserbodens steht und sich für die Formen dieses Kapruner Tales interessiert, wird auch die gestaltende Tätigkeit der Gletscher nicht übersehen. Die Ablagerungen, Verfrachtungen, die Aushobelungen und Abschliffe sind überall zu erkennen, wenn auch die letzte Eiszeit schon 20000 Jahre zurückliegt. Damals waren die Alpen unter einem geschlossenen Eispanzer begraben, der erst langsam zerfiel; die Gletscher zogen sich in die Seitentäler zurück, stießen aber immer wieder einmal vor, wie man heute an den Moränen, dem Gletscherschutt ablesen kann. Alte Moränen sind in den Tälern zwar nicht leicht zu erkennen, da sie mit Erde bedeckt und überwachsen sind, hier oben aber am Mooserboden kann man in der Firnregion deutlich die dunklen Schuttumrandungen um die Glet-

scherzungen sehen, so am Bärenkopf-Kees. Die Eiszungen haben von den Moränen schon wieder einen kleinen Abstand gewonnen; der vorgeschobene Schutt stammt noch von dem kleinen Gletschervorstoß des Jahres 1850. Auch 1920 fand noch ein solcher kleiner Vorstoß statt; von ihm findet man kleine Moränenwälle innerhalb der Wälle von 1850. Seitdem sind die Gletscher auf dem Rückzug.
Gletscherwerk ist auch, was das Kapruner Tal für die Anlage der Stauseen empfahl: die Aushobelung der typischen und steil ausgeformten Steilstufen bis zu den ziemlich eben gelegenen Talböden. Es lag nahe, zwei dieser Talböden mit Staumauern zu verschließen, um große Rückhaltebecken für das Sommerschmelzwasser zu erhalten. Und weil wir vom Eis der Gletscher reden, wollen wir auch ein Lebewesen nicht vergessen, das sich ausgerechnet diesen kalten Untergrund als Lebensraum ausgesucht hat. Wenn Sie bei Sonnenschein eine Wanderung im Firnschnee rund um den Mooserboden oder am Großglockner unternehmen, kann es Ihnen passieren, daß Sie plötzlich auf dem Schnee dunkle Wolken von winzigen Insekten entdecken, die da munter umherhüpfen. Sie sind etwa zwei Millimeter groß und weithin unbekannt. Es handelt sich um Gletscherflöhe (*Isotoma saltans*), die zur Gruppe der Springschwänze (*Collembola*) gehören. Die schwarzen Insekten, die man zuerst auf den Gletschern des Monte Rosa und Grindelwald entdeckt hat, sind gegen Kälte so unempfindlich, daß sie sich wochenlang einfrieren lassen, um dann beim nächsten Sonnenschein wieder aufzutauchen. Lange hat man herumgerätselt, wovon sich die Gletscherflöhe in dieser unwirtlichen Gegend ernähren könnten; Magenuntersuchungen ergaben, daß sie Blütenpollen und winzige organische Substanzen zu sich nehmen. Und wie kommen die Blütenpollen auf den Gletscher? Den Gletscherflöhen trägt der Wind die Nahrung herauf und deckt so auf dem ewigen Eis den Tisch.

Rauristal: Paradies für Micromounter

Was ist ein Micromounter? Nicht alle Naturfreunde wissen es. Dabei ist Micromounting das Mineraliensammeln der Zukunft. Und es schont die Natur: Wo die Sammler großer Mineralstufen mangels Masse längst aufgegeben haben, wird der Micromounter ohne Brechstange und Dynamit noch fündig.

Micromounts (sprich „Maikromaunts") sind mikroskopisch kleine Mineralien, die die Größe eines Fingernagels nicht überschreiten. Man verwahrt sie in durchsichtigen Plastikdöschen und kann auch eine große Sammlung bequem in einem Schrank unterbringen. Die Micromounter-Bewegung ist aus Amerika zu uns gekommen; man tauscht heute diese Kleinmineralien über Kontinente hinweg. Wer einmal durch ein Stereomikroskop auf so eine Mini-Kristallstufe geschaut hat, ist überwältigt; eine derartige Vielfalt von Formen und Farben, dazu eine so fabelhafte Erhaltung trifft man sonst nur bei museumsreifen Großmineralien. Und selbst bei solchen muß man froh sein, wenn sie so scharfe Kanten und Spitzen zeigen wie die Micromounts.

Das Rauristal, zwischen der Großglocknerstraße und dem Gasteiner Tal gelegen, ist für Sammler von Kleinmineralien ein Paradies, wie wir gleich nachher sehen werden. Zunächst aber biegen wir mit dem Wagen bei Taxenbach aus dem Salzachtal ab und folgen der Rauriser Ache über die erste, steile Talstufe (auch hier wieder das Werk der Gletscher) hinauf. Die Rauriser Ache, die an ihrem Ursprung nach dem gleichnamigen Tal Hüttwinkel-Ache heißt, entspringt am Schareck (3122 m) und erhält Zufluß vom Hohen Sonnblick (3106 m). Sie legt bis zum Kitzlochklamm, an deren Eingang wir jetzt stehen, etwa 30 km zurück. Unterwegs nimmt sie den Kruml-Bach auf, vereinigt sich mit der Seidlwinkel-Ache, und war früher, als sie die Klammkalke dieser letzten Talstufe angriff und mit Gewalt zersägte, ein wilder und wasserreicher kleiner Gebirgsfluß. Leider hat man ihr mit einem Elektrizitätswerk, das an ein Aluminiumwerk in Lend Strom liefern muß, viel Wasser und Temperament gestohlen. Wenn man heute durch die mehr romantische als wilde Kitzlochklamm (Eingang beim Sägewerk) wandert, kann man sich kaum vorstellen, daß dieses müde Bächlein sich noch viele Meter in den Kalk einnagen wird.

Die frühere Rauriser Ache hat, wie man auf halber Höhe der bis zu 80 m hohen Schluchtwände sehen kann, in Steinmühlen viele runde Löcher gebohrt, in denen

◀ Bild 25. Gleich am Eingang des Rauristales wartet die Kitzlochklamm auf Besucher. Als die Rauriser Ache noch wild (und nicht durch ein Elektrizitätswerk ausgelaugt) war, hat sie diese eindrucksvolle Schlucht eingeschnitten, deren Besucherweg auch durch einige Tunnels führt.

sich Schwemmholz aus früheren Jahrhunderten verkeilt hat. Die Klammkalke sind hier recht farbenfroh; wir sammelten am Weg gelbe Stücke, holzähnlich, die man hier „Scheiterkalk“ nennt, dann gibt es dunkelbraune kalkschiefrige Stücke und noch weiße Kiesel aus der Nagelfluh. Auch Tropfsteine zeigen sich in einer kleinen Höhle. Mitten in der Klamm, die man durch mehrere stockdunkle Gänge erreicht, stört leider ein altes Stauwehr, das zum zweitenmal Wasser zum E-Werk ableitet und die Ache endgültig aller Großartigkeit beraubt. Eine Inschrift berichtet hier von einem Einsiedler, der in der Klamm gelebt hat und 77 Jahre alt geworden ist (der Rheumatismus hat ihn in der naßkalten Behausung offenbar verschont), auch ein Marterl gibt es zur Erinnerung an einen Zimmermann, der beim Bau des Holzsteges von der Rauriser Ache mitgerissen wurde. Und dann wird hier noch jenes großen Unglücks vom Jahr 1974 gedacht, als eine Schulmädchenklasse hier in der Kitzlochklamm abgestürzt ist. Von 37 Kindern fanden acht den Tod. Heute sind die Stege und Brücken tadellos im Schuß, und Warnschilder weisen darauf hin, daß man nicht stehen bleiben und auch nur einzeln passieren soll. Das Rauristal war einst das Zentrum des Goldbergbaus in den Hohen Tauern. Wenn wir bei der Weiterfahrt den Ort Rauris erreichen, wollen wir das kleine Museum besuchen, das sich bescheiden „Heimatstube“ nennt; hier sind Utensilien des Bergbaus ausgestellt, das Knappenroß (ein Primitiv-Schlitten), Berghämmer, Lampen, Schmelztiegel, Goldwaschgerät, auch schöne Stücke aus uralten Bergbauernhäusern. Vor allem wird jenes Mannes gedacht, der im Rauriser Tal den Goldbergbau so lange hochhielt, modernisierte und den Leuten Arbeitsplätze erhielt, wie es die wirtschaftlichen Verhältnisse zuließen. Der Held des Rauriser Tales ist Ignaz Rojacher, der im ärmlichen Obersaghäusel im Gaißbachgraben im Jahr 1844 geboren wurde. Das Häuschen mußte schon bald verkauft werden, da alles Geld fehlte; der „Naz“ hütete schon während seiner Schulzeit die Ziegen, um ein paar Kreuzer zu verdienen. Trotzdem war er einer der Besten in seiner Klasse und zeigte sich so geschickt, daß er mit knapp 13 Jahren schon ins Goldbergwerk Kolm-Saigurn (ganz am Ende des Tales, zu Füßen des Sonnblick) als „Truchenläufer“ arbeitete. Der „Kulm-Naz“, wie er von nun an hieß, schob schwerbeladene Erzwagen zu Tal. Er lernte das Zimmernmannshandwerk, kehrte aber wieder zum Goldbergbau zurück und wurde mit 26 Jahren Waschhutmann, der die Verarbeitung des Erzes zu überwachen hatte. Als der Staat einen Pächter für das Bergwerk suchte, fand

Bild 26 (links). Diese und andere Mineralien lassen sich in den Bergen rund um das Rauristal finden. Ein Allophan (Fundort Rauris).
Bild 27 (rechts). Zinkblende (Fundort Goldberg).

er in Rojacher den richtigen Mann. Zwar stürzte der Kulm-Naz im selben Jahr (1876) bei der Abfahrt mit dem Knappenroß schwer und mußte von nun an ein eisernes Mieder tragen, doch hinderte ihn das nicht daran, 1880 das Bergwerk in seinen Besitz zu nehmen. Er studierte den Bergbau in Schweden, schmuggelte von der Pariser Weltausstellung eine elektrische Lichtanlage nach Rauris, sogar ein Telefon brachte er mit. Doch das Glück und die Goldpreise aus Amerika waren gegen ihn. Er verkaufte das Bergwerk an eine ausländische Gesellschaft, die aber den Niedergang auch nicht mehr aufhalten konnte. Am 4. Januar 1891 starb Ignaz Rojacher, nur 47 Jahre alt.

Doch vorher, am 2. September 1886 konnte er noch seinen großen Traum verwirklichen: den Bau eines Observatoriums, das an diesem Tage eingeweiht wurde. Der „Kulm-Naz" hatte lange vorher schon alle Berggipfel der Umgebung sowohl im Sommer als auch im Winter erstiegen, um zu prüfen, wo er am günstigsten seine Wetterwarte bauen konnte. Er wählte den Sonnblickgipfel, weil dieser auch im

Winter eisfrei ist. Zunächst wurde das Holzhaus, das die Station aufnehmen sollte, fix und fertig im Tal aufgebaut, dann im Sommer 1886 wieder abgebrochen und Stück um Stück auf den Gipfel hinaufgeschleppt. Von Kolm aus bis zum Radhaus (2177 m) konnte der Materialaufzug des Bergwerks benutzt werden, weitere 170 m half die Werksbahn weiter, dann aber waren es noch 760 m bis zum Gipfel hinauf und da blieben nur die Rücken von elf Bergwerksknappen, die alle Hausteile über die Gletscher trugen. Heute, da man solche Holzteile elegant mit dem Hubschrauber auf den Berggipfel setzen kann, muß man die Leistung dieser elf Männer bewundern, die den Kampf mit der Natur aufnahmen. Einmal traf sie in ihrem Bretterverschlag, wo sie die Nacht zubrachten, ein Blitzschlag und warf sie zu Boden, ohne daß jemand verletzt wurde; aber keiner gab auf, und im August 1886 stand die Blockhütte für den Wetterbeobachter samt dem Meßturm. Ein Graham-Bell-Telephon verband die Station mit Kulm. Trotzdem glaubte kaum jemand daran, daß in dieser extremen Höhenlage ein Mensch allein einen ganzen Winter zubringen könnte. Ein 52 Jahre alter Bergknappe, Simon Neumaier, wagte es. Er galt zwar nach einem fürchterlichen

Bild 28 (links). Bleiglanz (Fundort Goldberg).
Bild 29 (rechts). Ein Erbsenstein aus der Kitzlochklamm.

Sturm, der vier Tage lang wütete und auch das Telephon unbrauchbar machte, als tot, und in den Zeitungen standen schon Nachrufe, aber er überlebte.
Nach ihm verzeichnet die Liste der Wetterbeobachter auf dem Sonnblick manche Opfer: So starb Johann Moser auf dem Gipfel, Alexander Lechner mußte krank seinen Posten verlassen; seine Köchin, die ihm einmal entgegengehen wollte, erfror bei der Rojacherhütte; Leonhard Winkler schleppte sich mit einer Blinddarmentzündung zu Tal, erlitt einen Durchbruch und starb im Krankenhaus. Georg und Maria Rupitsch, ein Beobachterehepaar, verfehlten einander bei einem Talgang und wurden zwei Wochen später erfroren geborgen.
Auch heute noch haben die Wetterbeobachter auf dem Sonnblickgipfel einen schweren Dienst. Täglich werden bei jeder Witterung Regen, Schnee, Wind, Sonnenscheindauer, Temperatur, Luftfeuchtigkeit, Luftelektrizität, Schneehöhe und Schneedruck gemessen. Bis jetzt sind in der langen Zeit, da diese Station arbeitet (die Wetterstation auf der Zugspitze ist jünger) als höchste Temperatur plus 14 Grad, als tiefste minus 37,4 Grad gemesssen worden, schwere Stürme erreichen oft 250 Kilometer in der Stunde. Heute werden die Meßdaten von Sonnblick, die verschlüsselt über Funk durchgegeben werden, zur europäischen Wettervorhersage verwendet. Besonders auch für das Gebiet der Hohen Tauern sind die Beobachtungen der Niederschläge in der Gletscherregion wichtig, da man so Maßnahmen gegen Hochwasser treffen kann. Dies ist besonders für den Bau von Wasserkraftwerken wie Kaprun wichtig, aber auch für den Bau von Hochalpenstraßen wie auf den Großglockner. Auch der Flugwetterdienst wird von der Station Sonnblick bedient.
Das Gold, das Ignaz Rojacher und die Rauriser Bergknappen dem Sonnblick entrissen haben, spielt heute keine Rolle mehr. Es ist ersetzt durch das Gold, das die Touristen ins Tal bringen; die einst so armen Leute im Tal blicken zufrieden aus den Fenstern ihrer Hotels, Gaststätten und Fremdenheime. In Rauris erinnern nur noch einige schöne Steinportale an die alten Gewerkenhäuser, sonst fließt hier der Urlaubsverkehr so stark durch die enge Hauptstraße, daß man jede Sekunde bereit sein muß, sich mit einem Sprung vor den sich durchzwängenden Fahrzeugen in Sicherheit zu bringen. An das alte Goldtal erinnert heute nur noch eine schlichte, für Feriengäste eingerichtete (gebührenpflichtige) Goldwaschanlage beim Gasthaus Bodenhaus im hinteren Raurisertal. Es dürfte aber schwerfallen, sich hier aus der Rauriser Ache den goldenen Gegenwert auch nur für ein Viertel roten Tirolers zu holen.
Doch zum Thema endlich, zu den Micromounts! Im Raurisertal ist ja nicht nur Gold gewonnen worden, von hier stammen auch die größten und wasserklarsten Bergkristalle, die Weltruf genießen. Die berühmten Fundstellen liegen auf der Gries-

Bild 30. Das Museum „Haus der Natur“ in Salzburg hat dieses seltene Stück von gediegenem Gold vom Sonnblick in seiner Schatzkammer.

wieseralpe und am Ritterkopf. Wer auf der Grieswieseralm (im Talschluß kurz vor Kolm-Saigurn) vergeblich nach den schönen Quarzkristallen forscht, soll, wenn er im Spätsommer oder Frühherbst kommt, wenigstens dem Tauernblümchen, einer Enzianart mit hellvioletten Blüten, dort seine Aufwartung machen, es ist für dieses Gebiet fast endemisch.

Geologisch folgen im Rauriser Tal den Kalken der Kitzlochklamm Schiefer und Phyllite der unteren Tauernschieferhülle, die über Rauris bis Wörth und weit ins Hüttwinkeltal hinein vorkommt. Im westlichen Seitenast des Seidlwinkeltales ist die obere Tauernschieferhül-

Bild 31. Dieser Enzian, der in den Tauertälern von August bis Oktober blüht, ist für das Gebiet typisch, fast endemisch. Es ist das Tauernblümchen (*Lomatogonium carinthiacum*), das hier im Rauristal vor dem Hohen Sonnblick aufgenommen worden ist.

Bild 32. Für Mikromounter (die Sammler mikroskopisch kleiner Mineralien) sind die Plattensteinbrüche im Hinteren Rauristal eine Fundgrube. Wer sich mit der Bauleitung verständigt (eigenmächtiges Suchen ist nicht erlaubt), kann hier die schönsten Mini-Stufen finden.

le aufgeschlossen, die aus Kalkglimmerschiefer besteht. Der Sonnenblick ist aus Zentralgranitgneis aufgebaut. Aus plattigen Gneisen mit pegmatischen Partien und kleinen Klüften bestehen auch die Natursteinplatten, die man im hinteren Rauristal bei Bucheben und Bodenhaus aus einem Bergsturz gewinnt. Diese Gneisplattenbrüche, deren Erzeugnisse als Maurersteine und Gartenplatten geschätzt werden, sind das Jagdgebiet für die Sammler von Micromounts. Vor jedem Eindringen in die Steinbrüche und auf die Abraumhalden muß aber unbedingt, will man die Steinbruch-

Bild 33. Der Abraum in diesen Plattensteinbrüchen ist für Sammler interessant und fündig. Bitte nicht beschädigen, sonst gibt es von der Bauleitung kein Entgegenkommen mehr für künftige Interessenten.

inhaber nicht total vergrämen, Kontakt mit dem Vorarbeiter aufgenommen und ausdrücklich um Erlaubnis gebeten werden, im Abfall auf die Suche gehen zu dürfen. Die Mineralien, die in den kleinen Klüften dieser Gneise eingewachsen sind, sind manchmal frei kristallisiert und bieten unter der Lupe einen schönen Anblick. Wir fanden, ohne ernsthaft auf die Suche gegangen zu sein, binnen einer Viertelstunde eine Ministufe mit tadellos erhaltenen, völlig klaren Bergkristallen, die unbeachtet im Abraum lag. Die Mineralien der Rauriser Plattengneisbrüche sind von Professor Dr. H. Meixner aus Salzburg wissenschaftlich bearbeitet worden, und es gibt eine Liste von Funden, die Micromounter interessieren mag:
Schwefel: etwa 0,2 mm große, fast kugelige Kristalle in einer limonitischen Verwitterungsmasse; *Bornit*: dunkelgrau; *Zinkblende*: hellgelbgrüne Körner bis 5 mm; *Bleiglanz*: selten; *Pyrit*: wenig und stark limonitisiert; *Magnetit*: Oktaeder etwa 0,1 bis 0,2 mm groß; *Hämatit*: häufige, tafelige Kristalle bis 2 cm groß; *Quarz*: meist zwischen 0,5 – 3 cm groß, manchmal bis zu 12 cm; *Rutil*: häufig, feinnadelig, hellgelb bis kupferrot, auch schwarz, höchstens 2 cm groß; *Anatas*: 0,5 bis 1 mm große, schwarze Kristalle, meist verzerrt; *Brookit*: dünntafelige, meist hellgelbliche Kristalle, bis 1 cm groß; *Äschynit*: 0,1 – 0,2 mm große hellbraune Kristalle; *Limonit*: Verwitterungsprodukt von Pyrit und Siderit; *Calcit:* häufig; *Siderit:* dunkelbraune bis schwarzglänzende Kristalle, 1,5 cm groß; *Ankerit*: Mischcarbonate, grauweiß; *Cerussit*: grauweißer Überzug auf Bleiglanz; *Azurit*: blaue Krusten; *Malachit*: grüne Kügelchen bis 1,5 mm; *Hydrozinkit*: weißes Pulver auf Zinkblende; *Baryt*: weißliche bis rosarote Rosetten bis 1,5 cm; *Jarosit*: braungelbe Kügelchen bis 0,5 mm; *Wulfenit*: selten neben Bleiglanz, gelbgrünlich, 0,1 mm groß; *Xenotim*: gelbe Kristalle, bis 1 mm groß; *Monazit*: gelblich bis rötlich, höchstens 2 mm; *Apatit*: wasserklar, selten, bis zu 0,5 mm; *Phenakit*: wasserklar, hochglänzend, bis 3 mm Größe; *Orthit*: mattschwarze, längsgeriefte Kristalle, mehrere Zentimeter groß; *Titanit*: gelb-graugrüne Kristalle bis 5 cm; *Hemimorphit:* winzige, wasserklare Kriställchen neben Zinkblende; *Bertrandit:* dünne, durchsichtige Täfelchen bis 2 cm; *Turmalin:* schwarze, dicke Kristalle und feine Nadeln, bis zu 10 cm; *Beryll*: weiß bis himmelblau, Kristalle von 0,5–8 mm groß; *Chlorit*: selten, in Bergkristallen, hellgrün pigmentiert; *Adular*: trübweiße Kristalle, 0,5–1,5 cm groß; *Albit*: weiße bis wasserklare Kristalle bis 7 mm. – Die Zeiten, als im Ritterkar in den Jahren 1870 bis 1914 Schaustücke von völlig reinen Bergkristallen bis zu 25 kg Gewicht oder solche vom Hohen Goldberg, die mit Goldfäden durchzogen sind, gefunden wurden, dürften vorbei sein. Wenn man auch hier und da noch einen Kristall von einigen Zentimetern Länge bergen kann – die Zukunft des Mineraliensammelns liegt im Kleinstformat, bei den Micromounts. Unter dem Mikroskop sind noch Entdeckungen zu machen.

Wörth im Rauristal: Geier auf Urlaub

Auch eine ornithologische Attraktion, die in den übrigen Alpen nicht ihresgleichen hat, hält das Rauristal für alle Interessenten, die mit einem guten Fernglas umgehen können, bereit. Es sind zwei bis drei Dutzend Gänse- oder Weißkopfgeier, die sich ziemlich pünktlich mit dem Schafauftrieb einstellen und das Tal erst wieder verlassen, wenn die Herden im Herbst wieder zu Tal ziehen.
Die „Weißköpfl“ gehören im Rauristal zur Tradition. Obwohl die Vögel nie beringt worden sind und präzise Angaben fehlen, nimmt man an, daß sie von Jugoslawien jeden Sommer einige Monate in die Tauernberge fliegen, um hier zu übersömmern. Es ist überliefert, daß die Weißkopfgeier seit dem schweren Tauernunglück im Jahr 1878 in den Pinzgau kommen; damals geriet ein großer Viehtrieb, der über den Felbertauernpaß zog, in einen Schneesturm, und es kamen 104 Kühe, 40 Kälber, 25 Ziegen und ein Pferd ums Leben. Da die Geier weite Erkundungsflüge von oft Hunderten von Kilometern unternehmen, ist es nicht ausgeschlossen, daß sie die toten Tiere erspähten und von nun an auch in den kommenden Jahren auftauchten, wenn ihnen die 10000 Schafe, die früher in die Berge zogen, eine gute Futtergrundlage boten. In früheren Jahren waren unter den Gänsegeiern gelegentlich auch der dunkle Mönchsgeier und der Bart- oder Lämmergeier (mit befiedertem Hals und keilförmigem Stoß) zu beobachten, doch scheinen diese Großvögel auch auf dem Balkan selten zu werden.
Im letzten Jahr konnte man einen Geierschlafplatz, der sich stets durch den „Kalkanstrich“ bemerkbar macht, gleich hinter Rauris an der Straße nach der Ortschaft Wörth mit dem Feldstecher gut beobachten. Wir machten im Sommer 1978 acht Gänsegeier aus, die ziemlich bewegungslos in den Felsen hockten und sich nicht rührten, bevor die Sonne nicht ihr kaltes, steinernes Bett erwärmte. Geier sind zum ersten wärmebedürftig, und zum zweiten wollen sie die Thermik, den aufsteigenden warmen Wind, für ihre Kreisflüge nutzen; sie werden erst rege, wenn die Sonne sie trifft. An kalten, regnerischen Tagen sitzen sie im Fels wie ausgestopft.
Für die Sommergäste aus dem Balkan, die eine Spannweite bis zu zweieinhalb Metern haben, ist heute der Tisch nicht mehr so reichlich wie in früheren Jahren gedeckt. Heute wird nur noch ein Zehntel der einst zehntausend Schafe aufgetrieben, und die Geier finden nicht mehr so viele Nachgeburten oder verunglückte Tiere

◀ Bild 34. Eine zoologische Attraktion des Rauristales sind die Gänsegeier, die jedes Jahr vom Balkan herauf in „Sommerurlaub“ kommen, sobald hier die Schafe auf die Hochweiden getrieben sind.

als Nahrung. Denn nur Aas nehmen sie an; alle Geschichten, daß ein Geier einen Menschen angegriffen habe, sind Märchen. Nur von einem einzigen Burschen aus dem Rauristal wird berichtet, daß ihn ein Geier mit seinem Schnabel gebissen und ihm böse Schrammen zugefügt habe; der gute Mann, etwas wirr im Kopf, hatte sich vorgenommen, einen Geier lebend zu fangen, und das gelang ihm auch, als er zwei Vögel in einer Felsnische überraschte. Er klemmte sich einen der Geier unter den Arm, um ihn gegen Belohnung, wie er dachte, im Forsthaus abzuliefern. Der Mann hat dies nie wieder probiert, dazu noch, als er kein Trinkgeld bekam und den Vogel wieder freilassen mußte.

Gänsegeier haben keinen Greif-, sondern einen platten Gehfuß mit kräftigen, wenn auch nicht spitzen Krallen. Da sie keine lebenden Tiere schlagen, brauchen sie ihren Fuß nur zum Abstemmen von der Beute, wenn sie ein Stück Aas mit dem starken Schnabel abreißen. Interessant ist der Bau der Zunge beim Gänsegeier: Sie ist sehr hart, wie eine Schaufel geformt und hat entlang der Zungenränder viele verhornte, zähnchenartige Papillen, die nach hinten gerichtet sind. Wie Zahnreihen verhindern sie das Herausgleiten der Nahrung aus dem Schnabel. Erwachsene Geier kann man von den noch jugendlichen an der Färbung der Federkrause unterhalb des nackten Halses unterscheiden: Weiß sind die Federn bei den Senioren, hellbraun die der Junioren. Die Halskrause hat übrigens nicht nur Schmuckfunktion, sie ist auch eine Art Schlabberlatz, der hilft, daß sich der Vogel beim Fleischabreißen nicht zu sehr besudelt. Geier sind, auch wenn sie am Aas mit großer Gier und Futterneid, mit Keckern und Manteln mit den Flügeln hantieren, reinliche Vögel, die sich nach jedem Fraß ausgiebig der Gefiederpflege hingeben.

Der einheimische Forstmann, der die Geier im Rauristal betreut, ist Oberförster Sichler, der im Forsthaus in Wörth wohnt und gern über die Großvögel in seinem Revier Auskunft gibt. So brüten im Rauristal nachweislich zwei Steinadlerpaare, mit Sicherheit auch ein Uhupaar (1977 sind zwei Junguhus ausgeflogen), dazu die großen Kolkraben, die man wieder bejagen und kurzhalten muß, nachdem sie sich überstark vermehrt haben. Oberförster Sichler beschickt auch den Geierfutterplatz auf dem Fröstlberg, der mit Unterstützung des World Wildlife Found mit einer Beobachtungshütte eingerichtet worden ist. Als wir uns vorsichtig dem Gitter des Futterplatzes nähern und hoffen, einige Geier beim makabren Schmaus zu treffen, stoßen wir statt dessen auf eine aufstiebende schwarze, dunkel krächzende Wolke

Bild 35. Am weißen Federkragen unten am Hals erkennt man die erwachsenen Geier. Jungvögel tragen hier bräunliche Federn.

von Kolkraben – sicher über dreißig Stück –, die es sich hier an den ausgelegten Kälbern wohl sein lassen. Diese Fütterung der Kolkraben ist einer der Nachteile der an sich gut gemeinten Geierfütterungsstelle. Ein anderer ist die Gefahr, daß sich die völlig wildlebenden Geier in ihrem Verhalten ändern, wenn sie keine Suchflüge mehr nötig haben; nicht auszuschließen wäre im Lauf der Jahre eine gewisse „Wohlstandsverwahrlosung“, wie man sie bei anderen, vom Menschen intensiv betreuten Großvögeln beobachtet hat. Es wird einer Diskussion unter Fachornithologen bedürfen, ob man diesen Futterplatz beibehält oder ihn aus guten Gründen aufgibt. Dem Fremdenverkehr im Rauristal bringt er ohnehin kaum etwas, da er zu abseits liegt und beschwerlich zu erreichen ist, auch würden Zuschauer – selbst in der Beobachtungshütte – die Geier auf die Dauer vergrämen.

Ich habe zwei Tage in dieser Hütte verbracht, kam schon in der Dunkelheit, um ungesehen die Deckung zu erreichen, aber außer einigen übervorsichtigen Kolkraben, die sich gegenseitig mit dunklen Schreien warnten, kam nichts. Wer Geier fotografieren möchte, tut dies am besten in der Nähe der Schlafplätze. Zwar kann man die Vögel in den Felsen kaum erkennen, weil sie sich farblich wenig abheben, aber wenn sie dann herausfliegen und zu kreisen beginnen, kann man mit Glück und längster Brennweite zu einigen Flugaufnahmen kommen.

Zwar habe ich kein Bild vom Futterplatz der Raurisgeier mit heimgebracht, dafür aber eine große, fahlgelbbraune Schwungfeder aus einem Geierflügel; ich war kindisch genug, sie aufzuheben und in meinem Auto an die Windschutzscheibe zu stecken.

Gasteiner Tal: Heilwasser, Mineralien, Fledermäuse

Es ist ja verständlich: Ein Tauerntal mit Thermalquelle, Heilstollen, Hotels und Kurparks muß sich etwas mondän geben. Wäre ich irgendwo malade, würde ich hingehen nach Bad Hofgastein oder Bad Gastein und würde mich vom warmen Wasser gesundköcheln lassen, denn Thermalquellen und Heilstollen sind ja schließlich auch Natur. Aber ein Tal, in dem Einsamkeitsliebhaber und Rustikalfans Urlaub machen könnten, ist Gastein nicht. Mir selber ist die kohlrabenschwarze Balkenfront eines alten Bauernhauses, mit Geranien überschäumt, auch lieber als die modernste Beton- und Glasfassade einer Bar oder eines Kurbades.

Trotzdem dürfen wir das Gasteiner Tal nicht links liegen lassen.Es ist von den Pongauer Tauerntälern immerhin das mineralreichste. Das Tal durchschneidet einige geologische Zonen: die Grauwacke und den Wildschönauer Schiefer, dann die Klammkalke am Anfang des Tales, die Tauernschieferhülle mit Schwarzphyllit und dem Gasteiner Marmor, der unter dem Namen grüner Serpentin im Mineralienbuch geführt wird und schließlich den schon bekannten Granitgneis, der den Hochalm-Ankogel-Kern bildet. Zum Gasteiner Marmor wäre noch zu sagen (unser Foto zeigt einen großen Block vor dem Hofgasteiner Thermalbad), daß er von riesigen Bergsturzblöcken in den Gräben bei Hofgastein gebrochen wird. Die Bergsturzblöcke stammen von Guggenstein, wo sich das anstehende Gestein als Einlagerung in die Tauernschieferhülle findet. Ein besonders großer Block von zwölf Metern Durchmesser wurde mit der Drahtsäge zerschnitten, um daraus 700 Kubikmeter Blöcke für Schneidwaren und 3000 Kubikmeter Brocken für Terrazzo zu gewinnen.

Auch das Gasteiner Tal hatte einen bedeutenden Golderzbergbau. Heute findet man in der bekannten Lagerstätte eine ganze Reihe schöner Begleitmineralien, darunter in den Stiglitzer Erzgängen schöne Kristalle von nadeligem Wismutglanz, von Citrin (wie gelber Bergkristall genannt wird), Strontianit, Adular, Magnetkies und flächenreiche Pyrite. Im Radhausberger Sigmundstollen fanden sich schöne Adular- und Epidotkristalle. Bekannt sind aus dem Ankogelgebiet schöne Bergkristalle und Rauchquarze; ein riesiger, 76 kg schwerer Bergkristall, der schon 1838 gefunden worden war, ist im Heimatmuseum von Bad Gastein zu sehen.

Auf der Südseite des Radhausberges wurden Berylle bis zu 8 cm Länge und am Kreuzkogel solche mit grüner Farbe gefunden. Aquamarine tauchten in einem Gang

Bild 36. Vor dem Heilbad in Hofgastein liegt dieses Prachtexemplar eines grünen Serpentins, in den historische Szenen eingeschnitten sind.

Bild 37. Das Heilwasser ist das neue Gold des Gasteiner Tales. Die radonhaltige, mineralisierte Gasteiner Therme entspringt der Tiefe des Graukogels und hat eine Schüttung von einer Million Liter pro Tag.

unter dem Palfnersee am Graukogel, am Kreuzkogel und im Blockschutt des Astenbaches auf. Um Badgastein findet sich häufig Molybdänglanz; gegenüber dem Hotel „Europa“ ist sogar während des letzten Krieges nach diesem Erz geschürft worden. Die berühmte Spezialität des Gasteiner Tales sind jedoch seine Uranmineralien. Wir unterscheiden ältere Uranminerale wie das Kalzium-Uranyl-Silikat Haiweeit mit winzigen, radialstrahligen Formen, dann das Beta-Uranophan, das Uranophan und das Blei-Uranyl-Silikat Kasolit. In jüngster Zeit bildeten sich Uranminerale als Ausfällungen aus dem Wasser in heißen und in kalten Stollen. Dazu gehört das fluorhaltige Natrium-Kalzium-Uranyl-Karbonat-Sulfat Schröckingerit und der gelbe Zippeit, ein wasserhaltiges Uranyl-Sulfat. Sie kommen zusammen mit uranhaltigem Glasopal vor.

Außer den weltbekannten Thermalquellen des Gasteiner Tales ist auch die gasförmig ausgeschiedene radioaktive Emanation für Heilzwecke wichtig; die neue Gasteiner Therapie heißt: Emanation mit Überwärmung im Heilstollen bei Böckstein (1278 m). Die Emanation wird in verschieden warmen Stollenteilen von den Patienten eingeatmet, so bei 37,2 Grad und 41,6 Grad, wozu noch eine relative Feuchtigkeit von 80–97% kommt. Eine Strahlenschädigung ist nicht zu befürchten, da das Gas schon nach einigen Stunden den Körper wieder verläßt.

Nach soviel Uranmineralien mit unaussprechlichen Namen hätten wir es gern wieder ein wenig zünftiger, und wir sehen uns im Gasteiner Tal nach einem habhaften Trimmdich-Ausflug in unverbaute Natur um. Da bietet sich am Taleingang beim Ort Klammstein ein Besuch der „Entrischen Kirche“ an, so richtig eine Sache für Naturfreunde. Die Religionszugehörigkeit spielt indes keine Rolle, da es sich bei der Entrischen Kirche nicht um ein Gotteshaus, sondern um eine sehenswerte Höhle handelt, die in den Klammkalken entstanden ist. „Entrisch“, das heißt „unheimlich“ und „Kirche“ wird diese Höhle deshalb genannt, weil sie in der Gegenreformation der Jahre 1730 bis 1732 den Protestanten als Versammlungsort und Kirchenersatz diente. Aber die alte Schatzgräberhöhle ist schon früher von Menschen und Tieren besucht worden, denn man fand Fischstechgabeln, auch einen Schaber aus der Steinzeit und Knochenreste von Höhlenbären.

Wer die hoch in den Klammkalkfelsen gelegene Höhle erreicht, der hat für seine Sünden gebüßt: Über einen Trampelpfad mit unzähligen Serpentinen geht es eine Stunde lang steil bergan; ich habe junge Damen und Herren dort ärgerlich auf

Bild 38. Ein schöner, wenn auch etwas steiler Ausflug am Eingang des Gasteiner Tales in die sogenannte „Entrische Kirche“ (entrisch = unheimlich), eine hochgelegene Höhle in der Gasteiner Klamm, die von einem Höhlen- und Fledermausforscher betreut wird. Der Rundgang dauert eine Stunde. ▶

Bild 39. In der „Entrischen Kirche" überwintern viele Fledermäuse, darunter die Zwergfledermaus und das Große Mausohr.

halbem Weg den Rückmarsch antreten sehen. Auch vergesse ich nicht den seligen Blick einer Ehefrau, der ihr Mann aus Spaß noch eine weitere Stunde Aufmarsch angekündigt hatte; sie fragte mich, als ich herunterkam: „Wie lange geht denn das noch?" – „Zehn Minuten", sagte ich. Es waren zwar noch zwanzig, aber man soll den Menschen immer Mut machen. Der Höhlenführer Richard Erlmoser hat sich seine Wohnhütte genau unter den Höhleneingang gesetzt. Ein Ofenrohr schaut aus diesem Gebäude, und ein Schäferhund bellt sich bei jedem neuen Höhlenbesucher die Kehle wund. Eine Stunde dauert die Führung. Das Höhlenportal führt in eine 15 m hohe, längliche Halle, die durch ein hochgelegenes Felsenfenster dämmerig beleuchtet wird. Die ganze Entrische Kirche ist 3800 m lang, geht über drei Stockwerke und hat einen Höhenunterschied von 179 m. Die größte Halle ist 280 m lang, 12 m hoch und 42 m breit. Die Höhlenräume zeigen schöne Tropfstein- und Sinterbildungen.

Die „Entrische Kirche" ist auch zoologisch interessant. Zusammen mit der Tricklhöhle bei Abtenau, in der rund 300 Mopsfledermäuse festgestellt wurden, ist sie eines der großen Winterquartiere dieser Flattertiere. Die Fledermäuse werden wissenschaftlich betreut; man hat bei den Tieren eine große Ortstreue festgestellt. Auch ein hohes Alter erreichen sie: So brachte es eine Kleine Hufeisennase auf 21 Lebensjahre. In der Entrischen Kirche verbringen hauptsächlich Zwergfledermäuse und die Großen Mausohren den Winter.

Beim Abstieg von der Höhle hinunter ins Tal sollte man die so beliebten „Abkürzungen" bei den Kehren vermeiden. Ich hoffe, daß meine Leser mich an Kondition deutlich übertreffen – denn ich kam mit einem sogenannten „Knieschnackler" unten an.

Liechtensteinklamm: Romantisch und gewaltig

Liechtenstein mit „ie“, das weiß ich genau, weil ich gegen meine Mitfahrer eine Wette gewonnen habe. Die Klamm hat nichts mit lichtem Stein oder der Burg Lichtenstein auf der Schwäbischen Alb zu tun. Sie schreibt sich mit „ie“, weil der Fürst Johannes von und zu Liechtenstein, jenem autonomen Fürstentum in der Schweiz, durch eine Spende von 2000 Gulden ermöglicht hat, daß dieses Naturdenkmal, das seinesgleichen in den Alpen nicht hat, eröffnet werden konnte.
Wie bei so manchen Tauerntälern auf der Salzachseite, so durchbricht auch hier der Gletscherbach, die vom Keeskogel (2884 m) gespeiste Großarler Ache, die letzte aus Klammkalken bestehende Steilstufe des Tales, bevor sie in die Salzach mündet. Dieselbe Situation also wie bei der Kitzlochklamm im Rauristal, doch welcher gewaltige Unterschied im Effekt! Wer einem Ungläubigen eindrucksvoll demonstrieren will, wie sich ein bestohlener Bach gegen einen nicht angezapften ausnimmt, der führe ihn erst zum Rinnsal in der Kitzlochklamm und dann zum brüllenden, tosenden, zischenden Gegenstück dieser Klamm bei St. Johann im Großarltal. Er wird sich nicht mehr wundern, warum sich auf dem Parkplatz der Liechtensteinklamm die Omnibusse und Autos mit Gästen aus ganz Europa drängen, während man den Eingang zur Klamm im Rauristal suchen muß. Wasser – das bringt nicht nur elektrischen Strom, das bringt vor allem Fremdenverkehr, und der kann für ein Tauerntal wichtiger sein als preiswerte Kilowattstunden.
Die Liechtensteinklamm: Sie ist vier Kilometer lang und bis zu 200 Meter tief; das Gefälle auf dieser Strecke beträgt 140 Meter, Grund dafür, daß der Großarlbach hier ziemlich viel Fahrt drauf hat und heute noch aggressiv die Kalkfelsen angeht. Man kommt durch das Klammgasthaus in den Bereich der vorderen Klamm, die als oft übersehene Merkwürdigkeit eine Grube mit grauem Ton besitzt, der sich, wie die Spaziergängerkinder beweisen, wunderbar formen läßt. Nach wenigen Schritten schiebt sich nun die Schlucht so eng zusammen, daß der Steg für die Besucher in den Felsen gehauen werden mußte. In diesem Abschnitt hat sich die Ache eine ganze Reihe von Gletschermühlen geschaffen, in denen sie heute noch das mitgeführte Geröll und den Sand kreisen läßt. Dieses Ausschleifen von runden Töpfen im Stein erfolgt wesentlich schneller als das allgemeine Eintiefen des Bachlaufes, sonst wäre die Bildung dieser Strudeltöpfe nicht möglich. Solange der Bach sich um

Bild 40 Das Großarltal bietet eines der großartigsten Naturschauspiele des ganzen Tauerngebietes. Die Liechtensteinklamm (benannt nach dem Fürsten von Liechtenstein) ist von St. Johann im Pongau zu erreichen, am besten vormittags, wenn einige Sonnenstrahlen die Wasserschau zwischen den hohen Schluchtwänden beleuchten.

zehn Zentimeter eingräbt (was fast ein Jahrhundert dauern kann), muß der Kessel einen Meter tief ausgeschliffen werden, sonst fiele er ja trocken und entzöge sich weiterer Bearbeitung. Solche trockenen Gletschermühlen sieht man in diesem Teil der Klamm besonders schön: Sie öffnen sich da und dort hoch oben in den Wänden. Wer Muße hat und die Liechtensteinklamm nicht in zwanzig Minuten „machen“

Bild 41. Die Liechtensteinklamm, von der Großarler Ache über 300 m tief in das Gestein gefressen, ist nur im Sommer zu begehen. Alle Holzstege müssen im Herbst abgebaut werden, da sie sonst vom Hochwasser und von Lawinen weggerissen würden.

will, kann sich leicht ausrechnen, vor wie vielen Jahrhunderten die Großarler Ache an diesem oder jenem Kessel gearbeitet haben muß. Als der Bach jenen drei Meter hoch im Felsen gähnenden Strudel ausschliff, trugen die Herren noch Barett und Degen, und keinem Edlen kam es in den Sinn, sich hier die Schnallenschuhe schmutzig zu machen. Damals hielt man die Gebirge noch für fürchterliche Orte, in denen

Geister wohnen. Auch heute schaudern manche Besucher der Liechtensteinklamm, wenn sich die Wände auf Tuchfühlung um sie schließen und der Bach wie ein wildes Tier im Zwinger tobt.

Der Wechsel von breiten Schluchten zu extrem enger Klamm erklärt sich geologisch: Den Klammkalken, die ziemlich hart sind, sind weniger widerstandsfähige Tonschiefer gegengelagert, die der Bach leichter durchbrechen und weiten kann. Es gibt Regenkanzeln und Schutzdächer gegen Rieselwasser an den Wänden, die schmalen Holzstege winden sich im Fels oder frei an die Schluchtwand angehängt in den Bauch dieser riesigen Kalkstufe hinein, sie schwingen sich als Brücken über den Bach, gewinnen als Treppen an Höhe und führen in stockdunkle Gänge. Ein 80 m hoher Wasserfall stürzt herunter, der Baumstämme in die Schlucht schwemmt, wo sie sich querlegen. Ganz alte weißgeschrubbte Stämme stammen noch aus der Zeit, als die Kitzlochklamm der Holzabfuhr diente.

Eine solche Fremdenverkehrsattraktion macht Arbeit. So müssen die Holzstege, die man auf in den Felsen eingelassene T-Träger gelegt hat, in jedem Herbst völlig abmontiert und geborgen werden, weil im Winter akute Lawinengefahr besteht. Und eine Lawine, die hier herunterkäme, zerschlüge das gesamte Inventar der Schlucht. Auch gegen die Steinschlaggefahr muß die Gemeinde St. Johann etwas tun: Bevor man im Frühjahr die ersten Gäste auf die neu verlegten Holzstege läßt, kontrollieren einige beherzte Bergsteiger alle gefährlichen Stellen der Schluchtwände und schlagen lose Steine herunter. Und nicht zuletzt muß am Saisonende die ganze Klamm von den Touristenhinterlassenschaften eines ganzen Jahres befreit werden – wer will schon im Wohlstandsmüll spazierengehen?

Wo es Kalkstein und entsprechende Feuchtigkeit gibt, da gedeiht auch eine reiche Flora. Wenn sich auch in der Schlucht der Himmel nur als schmaler Streifen zeigt und kaum ein Sonnenstrählchen den Boden erhellt, so wachsen doch üppige Farnwälder, an dunkleren Stellen Moose und farbige Flechten. Weiter oben, wo kein Mangel an Licht mehr herrscht, haben Botaniker sogar eine Orchidee gefunden: eine *Ophrys insectifera*, die Fliegenragwurz.

Großglocknerstraße: Lustwandeln in der Gamsgrube

Zwei große Verkehrswege durchschneiden das Tauernmassiv in Nord-Süd-Richtung: die Felbertauernstraße mit dem bequemen Tunnel (ganzjährig befahrbar) und die Großglockner-Hochalpenstraße (im Winter geschlossen). Die Glocknerstraße ist im August 1935 nach fünf Jahren Bauzeit fertig geworden, und sie macht ihren beiden Schöpfern, dem Salzburger Landeshauptmann Dr. Rehrl und dem Oberbaurat Franz Wallak, alle Ehre. Nirgendwo versucht diese extreme Hochgebirgsstraße sich mit unnötigen Betonbauwerken protzig hervorzutun, sondern sie paßt sich weithin an alte Paßwege an, schmiegt sich wie eine elegante Skipiste in die Bergflanken, und sie bietet den Autofahrern großartige Ausblicke. Die Großglockner-Hochalpenstraße hat Österreichs höchsten Berg zwar besiegt, aber sie entehrt ihn nicht. Ihr ist es zu verdanken, daß Hunderttausende von Touristen und Feriengästen, deren Kondition für extreme Bergtouren nicht ausreichen würde, die Gletscherwelt der Dreitausender erleben können. Besonders seit im Jahr 1967 die Felberntauernstraße eröffnet wurde, hat sich der Verkehr auf beiden Bergstraßen entwirrt: die Felberntauern sind Arbeitsstraße geworden, der stets befahrbare Weg für den Schwerverkehr und für Campinggespanne, während sich am Großglockner nur Personenwagen, die für die zum Teil recht sportlichen Kehren geeignet sind, in die Höhe schrauben.

Aus dem Zeller Seebecken schwingt sich die Straße um den Sockel des Imbachhornes in das Tal der Fuscher Ache, windet sich durch grüne Almen, durchschneidet die Bärenschlucht und erreicht mit Ferleiten unter dem Brennkogel und dem Fuscherkarkopf das über tausend Meter hoch gelegene Hochtal. In vielen Kehren steigt nun die Straße 1300 m hoch zum Fuscher Törl, zur Rechten vom mächtigen und fotogenen Wiesbachhorn begleitet. Lärchen und alte Zirben stehen als eindrucksvolle Kulissen an der Straße, in den kurzrasigen Matten zeigt sich je nach Jahreszeit alpiner Blütenflor; er kommt bis zum Straßenrand heran, denn niemand kann beim Autofahren Blumen pflücken. Eine 1,6 km lange Stichstraße bietet die 2577 m hohe Edelweißspitze als Aussichtspunkt an; hier ist der höchste Punkt der Nordrampe erreicht. Die Tauernberge vom Brennkogel über das Wiesbachhorn bis zum Hohen Tenn zeigen sich (falls kein Nebel herrscht, wie so oft hier oben), zum erstenmal wird auch der Großglockner sichtbar. Weiter gehts zum 311 m langen Mittertörltunnel, der das Woazköpfl durchbohrt, bis hinüber zum Hochtor, dessen Tunneleingang

Bild 42. Großglocknerstraße. Solche Bilder hat man vom Auto aus. Allerdings ist gutes Wetter nicht alltäglich.

Bild 43. Parkplatz Franz Joseph-Haus am Großglockner. Man hat einen schönen Blick auf den Pasterzengletscher (Mitte unten), den Gipfel des Großglockners (3797 m) links, und im Hintergrund auf den schneeweißen Johannisberg (3460 m), dem der Gletscherstrom entspringt.

die Inschrift „In te Domine speravi“ = „Auf Dich, o Herr, habe ich gehofft“ trägt; niemand hat sich hier etwas einfallen lassen – ein Arbeiter hatte beim nördlichen Stolleneingang eine Münze aus der Zeit Maria Theresias gefunden, die diesen Sinnspruch trug.

Vom Hochtor senkt sich die Straße in sanften Serpentinen dem Guttalbach entlang hinunter bis zur Straßenkreuzung, die dem Autofahrer die Wahl läßt, ob er gleich die letzten Kehren bis hinunter nach Heiligenblut nehmen will oder ob er sich einen Abstecher hinüber zum Franz Joseph-Haus gönnen soll.

Ich kann nur sagen: Gönnen Sie ihn sich. Sie haben die einmalige Chance, mit Ihrem Wagen – auf dem Parkplatz des Franz Joseph-Hauses – bis an den Gletscher des Großglocknermassivs heranzukommen. Die Aussicht ist nicht zu überbieten. Wenn Sie neugierig sind, können Sie sogar mit dem Aufzug bis hinunter zum Eis der Pasterze fahren und auf dem Rücken des Gletscherstroms spazierengehen. Für den Naturfreund ist hier oben indes ein Ausflug in die altberühmte Gamsgrube obligat, einem floristischen Kleinod, das schon vor dem Bau der Glocknerstraße von Botanikern wie Wulffen oder Hohenwarth wegen seiner Spezialitäten besucht worden ist. Hier blühen Pflanzen, die es sonst nur in Sibirien gibt; die Lage der Gamsgrube ist für die Pflanzen so vorteilhaft, daß man hier alles antrifft, was in der Bergflora Rang und Namen hat. Trotzdem wäre mit einer Pflanzenliste der Gamsgrube den Besuchern nicht geholfen. Niemand darf hier frei durch die Gegend gehen und sich die botanischen Seltenheiten aus der Nähe besehen; die Gamsgrube ist „Naturschutzpark“, und es ist nicht erlaubt, den zweieinhalb Kilometer langen Weg, der im Wasserfallboden unter dem Fuscherkarkopf endet, zu verlassen.

Kaum hat man den Felsdurchbruch am Parkplatz in Richtung Gamsgrubenpromenade passiert, als man am Steilabfall des Wegrandes einige neugierige, braunhaarige Gesichter entdeckt, die über die Wegkante schauen und interessiert die Besucher taxieren. Es sind zahmgewordene Murmeltiere, die so sehr mit den Menschen (samt den an der Leine geführten Hunden) vertraut sind, daß sie ihre Warnpfiffe völlig verlernt haben. Ihre dicken Bäuche beweisen, daß sie den ganzen lieben Tag an der Marschverpflegung der Gamsgrubenbesucher partizipieren und erkleckliche Mengen von Vesperbroten, Keksen, Äpfeln in sich hineinraspeln. Auch die jungen

Bild 44. Vom Franz Joseph-Haus führt ein für jeden Naturfreund obligater, bequemer Spaziergang auf den Gamsgrubenweg, der schon lange ein floristisches Naturschutzgebiet ist (Wege verlassen ist verboten). Die Murmeltiere sind so zahm, daß sie auf den Weg kommen und Mohrrüben aus der Hand nehmen.

Mankeis widmen sich nur selten ihren Fangspielen, auch sie wachsen schon in ein faules Wohlstandsleben hinein.
Setzen wir uns auf eine Bank und nehmen wir dieses einmalige Panorama auf, das sich von der Gamsgrube aus auf den Großglockner und das Teufelscamp, auf den stets schneeweißen Johannisberg im Hintergrund und den Pasterzengletscher bietet. Als Kinder haben wir solche mächtigen Schneeberge nur auf dem Einwickelpapier von Vollmilchschokolade gesehen, vielleicht noch im Fernsehen bei der Reklame von den glücklichen Kühen – hier sind sie zu greifen – eisigblau, grellweiß mit schwarzen Schründen, eingehüllt und wieder freigegeben von den Fetzen eiliger Wolkenschleier.
Zum Eisstrom der Pasterze: Nicht der Großglockner ist der Nährvater dieses größten

Bild 45. Ein Sommerblüher am Gamsgrubenweg ist der Bayerische Enzian (*Gentiana bavarica*).

Gletschers der Ostalpen mit neun Kilometer Länge und 24 Quadratkilometern Fläche. Die Pasterze lebt vom Winterschnee (der sich unter Druck in Eis verwandelt), der sich in dem Halbbogen von der Hohenwartscharte über den Johannisberg zum Hohen Riffl, Bärenkopf bis zur Fuscherkarscharte angesammelt hat. Von diesen Nährböden fließt der Gletscher in sein Zehrbett, das ihm immer mehr Substanz in Form von Schmelzwasser abnimmt, je tiefer er auf die Almböden rutscht. Das Pasterzeneis wurde auf fast zwei Kubikkilometer Substanz errechnet. In der Gletschermitte ist die Pasterze auf der Höhe der Hoffmannshütte etwa 300 Meter dick, weiter oben flacht sich der Eisstrom ab.

Wie schnell wandert ein Gletscher? Den Rekord hält ein Berg auf Grönland, dessen Eis am Tag dreißig Meter weit marschiert. Die Pasterze gehört nicht zu den Sprintern: Im Burgstall schafft sie 62 m im Jahr, an ihren Rändern fällt sie auf 21 bis 33 m ab. Wenn man für diesen Eisstrom, der am Großglockner vorbeischwimmt, eine durchschnittliche Wandergeschwindigkeit von 35 Metern im Jahr annimmt, so benötigt, wie ein Spezialist errechnet hat, eine am Riffltor gefallene Schneeflocke 270 Jahre für ihre Reise zum zerschmelzenden Gletscherzungenende. Man hat die Geschwindigkeit des Pasterzengletschers auch an traurigen Beispielen errechnen können: Abgestürzte Bergsteiger, die das Gletschereis umschloß, kamen nach Jahrzehnten als Skelette beim Margaritzensee wieder ins Tageslicht.

Vom Gletscher kurz zurück zu den Blumen der Gamsgrube. Man kann darüber nachdenken, warum ausgerechnet das weißfilzige Edelweiß als Inbegriff der superedlen hochalpinen Blumen gilt, obwohl es doch weder in der Farbe noch in der Form besonders viel von sich hermacht. Vielleicht hat das Edelweiß deshalb so reüssiert, weil es am Band eines Original-Pichlerhutes nicht verwelkt, sondern lange Zeit vom Bergsteigerruhm des Trägers kündet. Auch kann man es zwischen die Plexigläser eines Anhängers klemmen und der Allerliebsten schenken. Wie dem auch sei: Am Weg der Gamsgrube habe ich nur ein einziges, ziemlich schäbiges Edelweiß blühen sehen. Alle anderen sind – als Amulette oder sonstwas – von den Touristen geklaut worden. Wie das so geht, machte mir ein Vorfall klar, den ich in der Gamsgrube selbst erlebt habe.

Da kam eine Schar von Leuten, die vom Wasserfallboden wieder auf dem Rückweg zum Franz Joseph-Haus waren, an uns vorbei und schwenkten in ihren Händen – ohne jede Scheu – Sträuße von Edelweiß. Ich staunte, daß es so etwas an „Ausgsamtheit“ gab, und hielt den nächsten Naturschutzaufseher (mit amtlicher Armbinde) an. „Was sagen Sie dazu“, fragte ich, „die kommen mit Sträußen von Edelweiß hier herunter!“ „I hobs eh gsehn!“, sagte das Aufsichtsorgan leicht ärgerlich, „I hob enen gsagt, sie sollen das wegsteckn!“

Heiligenblut: Goldrausch im Fleißtal

Nach den lieblichen Naturgenüssen auf dem Großglockner und dem Gamsgrubenweg ist uns nun nach etwas Habhafterem zumut. Wir wollen mal richtig ins Gelände gehen und unseren edlen Schweiß für ein noch edleres Metall vergießen: Wir werden Goldwäscher. Und zwar richtige, wie es sich gehört.

Wir fahren den Südbuckel des Glockner hinunter Richtung Heiligenblut. Es gibt eine Menge Haarnadelkurven, und jede dieser Kehren hat ihre Nummer. So finden wir kurz vor Heiligenblut das Schild „Kehre 27" – die merken wir uns. Denn wenige hundert Meter von diesem Schild entfernt findet der allgemeine Goldrausch im Kleinen Fleißtal statt.

Erst aber gehts vollends hinunter nach Heiligenblut, das mit seinem spitzen Kirchturm grüßt, und im Ort melden wir uns im Büro des Verkehrsvereins in aller Form bei der „Gold- und Silber-Schurfgemeinschaft" als künftige Goldwäscher an. Das ist wichtig, denn in Österreich ist das wilde Waschen oder Schürfen von Gold, wie auch die Ausfuhr des Edelmetalls ins Ausland verboten; man braucht eine Ausnahmegenehmigung, die man mit dem Beitritt zu dieser Schurfgesellschaft erworben hat. Wenn Sie im Büro der Goldschürfer einen freundlichen Herrn namens Rudolf Ertl treffen, dann ist das der richtige Mann für Sie – er weiß über alles, was die Goldwäscherei angeht, Bescheid.

Ihr Gold-Digger-Outfit, wie die Amerikaner die Goldwaschausrüstung nennen, können Sie bei der Heiligenbluter Schurfgemeinschaft leihen, besser ist es sicherlich, Sie bringen das Gerät von zuhause mit. Sie brauchen: einen äußerst stabilen Kurzspaten (kein Campingzeug, das bricht nach kurzer Zeit ab), eine Schaufel (der man den überlangen Stiel bis auf einen Meter Länge abgesägt hat), dann einen Plastikeimer üblicher Größe, auch ein Sieb mit etwa fünf Millimeter Maschenweite (es muß über den Plastikeimer passen) und schließlich das Wichtigste – eine runde Waschschüssel (am besten aus Aluminium), in der man den Sand gut kreisen lassen kann.

Bild 46. Ist da kein Goldflitterchen? Mit Akribie und Ausdauer arbeiten diese Ferien-Goldwäscher an einer automatischen Waschanlage im Kleinen Fleißtal bei Heiligenblut. ▶

Für die abendliche Arbeit im Hotel, Privatquartier oder auf dem Heiligenbluter Campingplatz brauchen wir noch einen großen Fadenzähler (Anspruchsvolle haben ja ohnehin ein Stereomikroskop vom Kosmos-Service), dazu eine gut funktionierende, spitze Pinzette. Mit Lupe (Mikroskop) und Pinzette suchen wir am Abend (bitte nur ein Viertel vom guten Tiroler, sonst sehen Sie nichts mehr!) die schimmernden Goldflitter aus dem mitgebrachten schweren Mineralsand heraus. Dieser dunkle Sand, der beim Waschen übrigbleibt, ist nichts anderes als eine Ansammlung von Edelsteinen. Sie werden staunen, was da alles im Fadenzähler aufflimmert!
Für den Goldwäscher selbst sind noch kräftige Gummistiefel mit guten Profilsohlen nötig – nicht jene beliebten gelben Seglerstiefel, mit denen man auf den glitschigen Steinen im Bach dauernd ausrutscht, sondern ganz ordinäre Plastikstiefel mit Profil, die etwas aushalten. Warmes Unterzeug ist wichtig. Wenn Sie den ersten Tag mit dünnen Slips unter den Bluejeans im Bach gearbeitet haben, lernen Sie die so unattraktiven, aber warmen langen Unterhosen zu schätzen. Ein Regenumhang, der ein Weiterarbeiten auch bei Schlechtwetter gestattet – dazu ein Hut. Fertig.
Und nun zurück zur Kehre 27 der Glocknerstraße. Wir fahren mit dem Wagen hinein zum Kleinen Fleißtal und sehen uns mal bei den schon versammelten Goldwäschern gleich hinter der Brücke um. Da sind Männer im schlohweißen Haar, die ihre Waschschüssel kreisen lassen. Ein Liebespaar versucht, sich einige Gramm Waschgold in den Urlaubswochen herauszuholen, um sich davon Verlobungsringe machen zu lassen. Da sind Familienväter, die mit ihren hochbegeisterten Kindern zusammenarbeiten (einer muß schaufeln, einer sieben). Auch Schüler sind da, die schon Erfolg gehabt haben und nicht ohne Stolz ihre Goldflitter im Gläschen vorzeigen. Außer dem Fleißtal gibt es in der Gegend um Heiligenblut und dem Hohen Sonnblick noch andere, ergiebigere Goldwaschplätze, doch gelernt wird erst mal hier. Auch im Fleißtal geht keiner, der einigermaßen fleißig ist, ohne Ausbeute nach Hause; die Raiffeisenbank in Heiligenblut, die den Goldwäschern nach genauem Wiegen die amtlichen Zertifikate ausstellt, weiß genau, was der Fleißbach schon hergegeben hat. Das schlechteste Ergebnis waren 0,01 Gramm, wohingegen es der beste Goldwäscher an einem Tag auf 2,72 Gramm Waschgold gebracht hat. Es wird hier 21karätiges Gold gefunden, und man rechnet an einer fündigen Stelle mit etwa fünf Flitterchen pro Waschschüssel. Wenn man weiß, daß für ein einziges Gramm Waschgold etwa 300 solcher winziger Goldplättchen zusammenkommen müssen, ist leicht auszurechnen, welche Arbeit dahintersteckt. Immerhin – es ist Gold, das man selber aus dem Bach geholt hat, und das ist ja was.
Schließlich wird das Sammlergold, das eine mineralische Rarität darstellt, weit

Bild 47. In der Waschschüssel, wie sie seit eh und je von den Goldwäschern verwendet wird, hat sich ein wenig Flitterstaub angesetzt.

besser bezahlt als etwa schlichtes Barrengold. In der Raiffeisenbank und den Souvenirgeschäften in Heiligenblut muß man für ein Gramm Waschgold etwa siebzig Mark bezahlen. Doch niemand sollte jetzt ins Kalkulieren kommen und etwa ausrechnen wollen, welchen Gewinn er als Feriengoldwäscher machen könnte – keineswegs kann man sich darauf verlassen, daß sich immer fünf Flitterchen pro Schüssel finden. Die Goldwäschergestalten mit Vollbart und Schlapphut, die das Heiligenbluter Dorfleben bereichern, geben zwar abends in den Weinbeiseln mächtig an, aber reich ist noch keiner geworden. Nicht einmal zum Renommieren reicht's: Ein ganz Schlauer, der hier Feriengoldwäscher war, hatte sich von zuhause ein beim Juwelier gekauftes amerikanisches Goldnugget von fast Erbsengröße mitgebracht und wollte damit am Stammtisch eine Show mit der entsprechenden Story abziehen. Doch

die erfahrenen Goldwäscher lächelten nur müde. Noch niemals wurde ein Nugget (ohnehin äußerst selten) von solcher Farbe in einem Tauernbach gefunden. Jeder Goldplatz hat seine eigene Mineralfarbe, die sich aus den das Gold begleitenden Mineralien herleitet. So gibt es rötliches Gold, das mit Kupfer vergesellschaftet ist, ein gelbes Gold, das einen Silber- oder Platinanteil hat. Sogar silberweißes Gold kennt man, das fast ein Drittel Silber enthält; man nennt es „Elektrum".
Und so wird gewaschen: Das ganz schwere Stein- und Schottermaterial muß man erst lockern, sei es mit dem Spaten oder noch besser – mit einem Pickel (auf österreichisch: Krampen). Erfahrene Goldwäscher bevorzugen Kurven an den Bachrändern, weil hier das rasch fließende Bachwasser anstößt und mitgeführte Goldflitter fallen läßt. Anfänger machen meist den Fehler, den feinen Sand im Bach aufzunehmen; sie denken, hier am ehesten etwas zu finden. Doch der Sand, der im Wasserstrom feine Riffelung annimmt und auch „Wellensand" heißt, gehört zur Gruppe der ganz leichten Sande, die immer ohne Gold sind. Die Flitterchen stecken vielmehr im haselnußgroßen Geröll des Baches, und man muß erst die groben Kiesel und größeren Steinbrocken mit der Schaufel wegschaffen, bis man an diese feinere Geröllschicht kommt. Diese wird nun auf das Sieb geschaufelt und mit viel Wasserzugabe durchgeseiht. Der „schwere" Sand sinkt nun durch das Geröll und die Maschen des Siebes in den Eimer, wo sich mit der Zeit ein Bodengrund aus einem Gemisch von leichtem (wertlosen) und schwerem (willkommenen) Sand bildet.

Die Kunst des Goldwäschers besteht nun darin, den leichten vom schweren Sand zu trennen. Er nimmt eine gute Portion dieses Sandgemisches in die runde Waschschüssel, läßt Bachwasser dazulaufen, bis die Schüssel gut halbvoll ist und beginnt nun mit dem berühmten Kreisen, das man erst lernen muß. Mit dem Kreisen wird der leichte Sand hoch an den Schüsselrand gespült und mit sanftem Schwung aus der Schüssel befördert, während der goldhaltige schwere Sand auf dem Schüsselboden verbleibt. Die Kunst ist, so den Schüsselinhalt kreisen zu lassen, daß wirklich nur der gelbe, leichte Sand über den Gefäßrand schwappt und nicht etwa der dunkle Schwersand mit verschwindet. Es gibt Könner mit der Goldwaschschüssel, die es sogar fertigbringen, das Gold (das am allerschwersten ist) durch Kreisen vom schweren Mineralsand weitgehend zu trennen. Doch solche Kunststückchen wollen wir lieber bleiben lassen.

Gold hat ein spezifisches Gewicht von 19,3 cN/cm^3. Die Bestandteile des Schwersandes, die Epidote, Granate, Zirkone, Pyrite oder Magnetite sind nicht ganz so schwer

Bild 48. Von dieser Rüttelanlage wird das Material über ein Gummituch geleitet, das den schweren Sand samt dem Gold festhält. ▶

und lassen sich herauswaschen. Doch wir sind zufrieden und begeistert, wenn wir auf dem Boden unserer Schüssel im dunklen Sand ein goldenes Plättchen schimmern sehen, und wir werden den ganzen Schüsselinhalt in ein Glas schütten, am Abend im Ferienquartier zuerst trocknen, dann auf ein weißes Papier geben und wie Linsen unter der Lupe oder dem Stereomikroskop verlesen. Ein glitzerndes Meer von Edelsteinen liegt da vor uns, oft in schleifwürdigen Qualitäten, nur eben leider viel zu klein. Mit der Pinzettenspitze nehmen wir nun unsere Goldflitter heraus und verwahren sie sofort (sie verschwinden sonst auf Nimmerwiedersehen) in einem leeren Filmbüchschen oder Tablettenröhrchen.

Dies war die klassische, die einfache Methode, Gold zu waschen. Nun steht aber im Fleißbach noch eine sogenannte halbautomatische Goldwaschanlage, ganz ähnlich jenen Einrichtungen, die man aus dem Wilden Westen der Vereinigten Staaten kennt. Auch bei der halbautomatischen Anlage wird nach dem gleichen Prinzip wie bei der Schüsselwäsche gearbeitet: Man trennt leichte und schwere Sande nach ihrem spezifischen Gewicht voneinander. Das Material aus dem Bach wird auf eine hölzerne Rinne geschüttet, über eine zweite Rinne leitet man das raschfließende Bachwasser darüber. Das Wasser schwemmt nun das feinere Material, das die Sande enthält, auf ein Sieb. Von dort fallen leichte und schwere Sande auf eine feingeriffelte Gummimatte, die den Schwersand samt Gold festhält, den wertlosen Leichtsand aber mit dem Wasser fortschwimmen läßt.

Rascher geht die Sache, wenn das Sieb mit einer hölzernen Nockenwelle, die ein Wasserrad antreibt (daher der Name „halbautomatisch“), in einer Rüttelbewegung gehalten wird, wodurch viel mehr Sande viel rascher auf die Gummimatte darunter fallen. Diese Gummimatte, die nun alle Goldflitter festhält, wäscht man in Abständen sorgfältig in einem Eimer mit Wasser aus. Später enthält dieser Eimer die ganze Ausbeute.

Im Mittelalter gab es noch keine geriffelten Gummimatten. Damals legte man das Fell eines Lamms unter das Rüttelsieb. Die Fellhaare hielten den Schwersand, vor allem das Gold, sehr gut fest. Ein Lammfell hieß damals „Vlies“. Nun ist klar, woher der Name „Goldenes Vlies“ kommt.

Jeder Naturfreund und Feriengoldwäscher fragt sich: Wie kommt das Gold in die Bergbäche der Hohen Tauern? Das Wasser bringt die Flitter von den Rändern der Gletscher mit, wo schon im Mittelalter die Goldbergwerke lagen, in denen das goldhaltige Erz bergmännisch in Gängen gebrochen wurde. Man schlug am Gletscherrand einen Stollen an, baute am Eingang eine Unterkunftshütte für die Knappen, eine Bergschmiede zum Schärfen der Werkzeuge darüber und arbeitete sich mit Schlegel und Hammer, aber auch mit anderen Methoden in den Berg

Bild 49. Und so sieht das Ergebnis (kräftig vergrößert) aus: Flache Goldflitter mit einem Gehalt von etwa 21 Karat.

hinein. So setzte man in vorgebohrte Löcher oder natürliche Klüfte des Gesteins Birkenholzkeile ein, die man mit Essig zum Quellen brachte und die dann den Stein aufsprengten. Auch das Feuersetzen war weit verbreitet. Man legte Holzfeuer vor Ort und erhitzte damit den Stein, löschte ihn dann mit Kaltwasser und sprengte ihn auf. Leider wurde mit dieser Feuersetzerei viel Holz verbraucht, und schon damals verschwand viel Wald. Verkarstung setzte ein.

Bild 50. Von der Goldwaschstelle im Unteren Fleißtal kann man weiterwandern ins Obere Fleißtal, über den „Alten Pocher" (einer ehemaligen Goldzerkleinerungsanlage) bis zum Sonnblick im Hintergrund, der die älteste meteorologische Station der Alpen trägt.

Das goldhaltige Erz am Gletscherrand, das uns der Bach herunterbringt, verwittert ständig und gibt die Goldflitter frei. Aus dem „Berggold“, das an der primären Lagerstätte lag, wird nun auf der Wasserfahrt Waschgold oder „Seifengold“, das der Goldwäscher aufzufangen versucht. Interessant ist, daß das abgewitterte Gold auf seiner Talfahrt vom Gletscher immer mehr an Goldkaratgewicht zunimmt, also reiner und wertvoller wird. Dies kommt daher, weil das anhaftende Silber im Sand und Schotter des Baches „abgerollt“ wird.

Im Tauerngold ist ein hoher Anteil an Platin, ein niedriger an Palladium und fast keiner von Tellur vorhanden. Reines Gold ließe sich für Schmuckgegenstände nicht verwenden, weil es zu weich ist; reines Gold hat 24 Karat, das entspricht einem Goldanteil von 1000/1000; 18karätiges Gold hat einen Gehalt von 750/1000, und 14karätiges Gold besteht nur noch 585 auf 1000 aus dem gelben Metall. Der Begriff „Karat“ kommt von dem getrockneten Samen des Johannisbrotes, mit dem in Afrika schon früher Gold und in Indien Diamanten gewogen wurden. Ein solcher Samen wiegt etwa 205 Milligramm. Heute hat man sich auf ein (besser zu rechnendes) Karatgewicht von einem Fünftel Gramm geeinigt.

In den Hohen Tauern entdeckte man die Goldvorkommen vor etwa 4000 Jahren. Über lange Zeitläufe war dieses Gebirge die Schatzkammer Europas. Schon zur Bronzezeit ist hier gegraben worden, wie einige Funde belegen. Später erfanden die Kelten das Steinsprengen mit Holzkeilen und Feuersetzen. Als die Römer von den Goldfunden in den Tauern erfuhren, setzte um 130 v. Chr. in Italien ein wahrer Goldrausch ein: Scharen von Goldsuchern und auch viel Gesindel zogen nordwärts, um ihr Glück zu machen. Man schlug aus dem Tauerngold Münzen, die die Herkunft „Metallum Noricum“ eingeprägt trugen.

Aus einer Bergordnung des Jahres 1532 ist zu entnehmen, daß die Knappen wöchentlich 44 Stunden gearbeitet haben. Da die Gruben hoch an den Gletscherrändern lagen, wurde den Bergleuten Gelegenheit gegeben, am Wochenende in die Täler zu ihren Angehörigen abzusteigen, sie mußten allerdings am Montag früh pünktlich wieder am Arbeitsplatz in 3000 m Höhe sein. Bei Schneefall fiel dieser Wochenendurlaub aus; da war man froh, wenn das hochalpine Knappenhaus nicht völlig vom Schnee begraben wurde; dies passierte im Jahr 1490 im Ritterkar. Die Bergleute mußten sich mühsam einen Ausschlupf durch den Hüttenkamin graben, nachdem alle Lebensmittel verbraucht waren.

Döllach: Bergbau im Schloß

Bleiben wir noch ein Kapitel lang beim Gold der Hohen Tauern. Nicht allein des wertvollen gelben Metalles wegen, sondern weil die Arbeit der Bergknappen, von der einiges überliefert wurde, ein exemplarisches Beispiel dafür ist, wie sehr in früheren Jahrhunderten der Mensch von der Natur abhängig war, bevor er später lernte, sie sich untertan zu machen.
Wir fahren von Heiligenblut einige Kilometer der Möll entlang bergabwärts, bis wir nach Döllach kommen. Man erkennt den Ort an einem Hotel und Restaurant direkt an der Straße (der Ort liegt etwas bergeinwärts), das insofern auch etwas

Bild 51 (links). Auf solchen Ledersäcken, die hintereinander festgebunden waren und das Erz enthielten, rutschten die Goldarbeiter von den Stollen hoch am Eis in abenteuerlichem Tempo zu Tal, zu den Pochwerken.
Bild 52 (rechts). Dieses alte Pochwerk, in dem das Erz zerkleinert wurde, steht im Museum in Döllach (Oberes Mölltal).

Bild 53 (links). Eine alte Amalgamiermaschine, in der man gemahlenen Golderzstaub mit Quecksilber versetzte, das aus dem Erz das Gold und Silber an sich zog.
Bild 54 (rechts). Nach der Destillation des Quecksilbers verbleibt hochkonzentriertes Gold zur Verschmelzung.

mit der Natur der Tauern zu tun hat, als man dort in der richtigen Jahreszeit wunderbare Steinpilze mit Semmelknödeln essen kann.

Hinter diesem Hotel liegt ein schönes, romantisches altes Schloß mit bunten Fensterläden und einer knatternden Fahne: die Besitzung Großkirchheim, die heute von einem soignierten Antiquitätensammler bewohnt wird, der ein Museum über den Goldbergbau in den Tauern zusammengetragen hat; ein Besuch lohnt sich, selbst an einem Tag, an dem es nicht regnet.

Hier ist eines der alten Pochwerke original wiederaufgebaut. Dieses wassergetriebene mechanische Gerät zerschlug im Mittelalter die Golderzbrocken, bevor man das zerkleinerte Material zum Verhütten brachte. Diese Pochwerke standen anfänglich hoch oben bei den Bergwerken und Erzgängen, mußten dann aber ins Tal verlegt werden, als kein Wald mehr zum Abholzen da war – denn zum Verhütten brauchte man Feuer. Wie aber kam das Erz über die Firnfelder hinab ins Tal? An der Wand des Museums hängt ein schweinslederner Sack, der als Erztransportmittel gedient hat. Auf alten Stichen im Museum kann man sehen, wie diese Säcke gehandhabt wurden: Auf schmalen Rinnen im Schnee wurden etwa fünfundzwanzig solcher Säcke hintereinander gebunden, zwei mutige Knappen stellten sich als Lenker und Bremser zur Verfügung („Sackzieher“ wurden sie genannt), und dann ging dieses Himmelfahrtskommando in rasender Schlittenfahrt bergab.

Das zerkleinerte Erz aus den Pochwerken kam früher ohne Vorbehandlung in die Schmelze, und man nahm in Kauf, daß ein Großteil des enthaltenen Goldes nicht ausfloß, sondern in der Schlacke stecken blieb; oft war es die Hälfte des Goldgehaltes. Erst die spätere Erfindung des Amalgamierens mit Quecksilber verbesserte den Goldertrag entscheidend.

Das Quecksilber hat die Eigenschaft, sich mit Gold und Silber eng zu verbinden. Es sucht geradezu die im Erzstaub verborgenen Goldkörnchen und bildet mit ihnen und dem Silber eine flüssige Legierung, das Amalgam. Im Museum sehen wir eine solche alte Quecksilbermühle: In einem Kessel läuft ein Rührwerk, das etwa 25 Kilogramm Quecksilber mit dem dauernd dazulaufenden Erzpulver und Wasser gut vermischte. Diese Rührwerke liefen wochenlang und machten einen Höllenlärm – das Normalgeräusch in einer Goldgräbersiedlung. Schließlich war das Quecksilber ganz mit Edelmetall gesättigt, und man konnte das Amalgam in kleine Hirschledersäckchen gießen, die in einer Presse das flüssige Quecksilber, das noch nicht restlos gesättigt war, ausschwitzten. Ein dicker Brei blieb in den Säckchen übrig; aus ihm formte man kleine Kugeln, die in einer Destillationsretorte so lange erhitzt wurden, bis das Quecksilber verdampfte und in einem Kühlsystem wieder aufgefangen werden konnte. Quecksilber war damals so teuer wie Gold, und man ließ keinen Tropfen verkommen. Bis zum Jahr 1876 wurde das Gold auf diese Weise gewonnen (alle Gerätschaften sind im Museum zu sehen), erst später kam die Methode auf, mit Cyan-Lauge zu arbeiten, und noch später, das Gold auf elektrolytischem Weg zu gewinnen.

Daß der Goldbergbau in den Hohen Tauern nach glanzvollen Jahrhunderten, in denen viele edle und auch weniger edle Leute reich geworden sind, ganz und gar verfiel, hat mehrere Gründe. Manche Historiker geben der im Jahr 1554 einsetzenden Vertreibung der Protestanten eine Mitschuld am Niedergang. Auch ließ der Goldgehalt in den Erzen deutlich nach – der Berg wurde müde. Die Hauptursache liegt aber sichtlich an der plötzlichen Einfuhr von billigerem Gold aus Amerika. So preiswert wie in Kalifornien war hier im Hochgebirge kein Gold zu schürfen. Schließlich kam noch eine plötzliche Verschlechterung des Klimas dazu: Es fiel übermäßig viel Schnee, die Gletscher wuchsen und begannen die hochgelegenen Stollen und Knappenhäuser unter sich zu begraben. Gegen Ende des 16. Jahrhunderts waren

Bild 55. So sah zur Goldgräberzeit eine alte Küche aus. Zu sehen im Museum in Döllach. Hier wurde die berühmte „Munggen“ gekocht, ein Kraftfutter für Schwerarbeiter.

Bild 56. Der Hergottswinkel aus einem alten Mölltaler Bauernhaus. Wiederaufgebaut im Museum Schloß Kroßkirchheim in Döllach. ▶

die meisten Gruben unter dem Gletschereis verschwunden; auf dem Rauriser Goldberg lag der Bartholomäi-Stollen beispielsweise zwanzig Meter unter Eis. Heute, da sich die Gletscher wieder langsam zurückziehen, taucht da und dort ein mittelalterliches Goldbergwerk aus dem schmelzenden Eis wieder auf.
Wie die Knappen früher gelebt haben, ist recht gut überliefert, da alte Aufzeichnungen und Rechnungsbücher erhalten sind. So erfahren wir etwa, daß ein Schwerarbeiter im Goldbergwerk, wenn er verheiratet war, eine Wochenration von fünf Laiben Brot, anderthalb Kilo Mehl, einem Pfund Schmalz, einem Pfund harten Ziegenkäse, einem Pfund Schaf- oder Ziegenfleisch und einem Pfund Schweinefleisch bekam. Davon lebte die ganze Familie. War der Bergmann ledig, wurde diese Ration um ein Viertel gekürzt. Man kann sich denken, daß die Kinder der Bergknappen kaum jemals Fleisch auf ihrem Teller gesehen haben, mußte man doch vor allem den Ernährer der Familie bei Kräften halten.
Immerhin wußten sich die Bergmannsfrauen mit einem Spezialrezept zu helfen, das heute noch bei den Bergbauern der Hohen Tauern bekannt ist und von dem es heißt, daß sich schon die römischen Legionäre ihre Marschration danach gekocht hätten. Dieses Kraftfutter heißt „Munggen", und die alte Bergmannsküche, in der dieses habhafte Gericht hergestellt wurde, kann im Döllacher Schloßmuseum besichtigt werden.
Also: „Munggen" zum Nachkochen. Man nimmt Saubohnen, Roggenmehl und Hafer, daraus kocht man einen dicken Brei, der kaltgestellt wird. Später kommt der in Schnitten portionierte kalte Brei zum Rösten in eine Pfanne und wird nach dem zweiten Erkalten zu einem dunklen, braunen Mehl zermahlen. („Host mi?", sagen jetzt die Bayern). Dieses Munggenmehl stellt man am besten gleich en gros her, damit es für Wochen reicht und man täglich daraus mit Wasser und Salz einen Brei kochen kann, der je nach Vorrat noch mit Milch, Rahm oder zerlassenem Schmalz „aufgemotzt" wird. Dieses morgendliche Munggenmus stellte die Bergknappen auf die Füße; das Rezept durfte den hart arbeitenden Ferien-Goldwäschern nicht vorenthalten werden.
Dabei leben die Goldwäscher im Feriendorf Heiligenblut keineswegs ärmlich. Als wir an einem Waschtag teilnahmen, wurden dicke Schweinekoteletts vom Feinschmecker und Kursleiter Rudolf Ertl auf eine dünne Steinplatte gelegt, die eingefettet worden war. Die Platte legte man rundum auf Steine, machte ein Feuer drunter und briet auf dieser Riesenbratpfanne zwanzig Koteletts gleichzeitig.

Umbalfälle: Schaupfad am Gebirgsbach

Drei Wasserwunder gibt's in den Tälern um die Hohen Tauern. Den Krimmler Wasserfall zum ersten, der von Stufe zu Stufe stürzt und sich im Finale als breiter Schwaden aufs Felsenbett fallen läßt, weiße Wolkenfahnen über das üppige Grün versprühend. Zum zweiten: die Liechtensteinklamm im Großarltal, jenes phantastische, von einem rasenden Wasser senkrecht eingeschnittene Tal, dessen Wucht und Romantik sich niemand entziehen kann. Und jetzt dieses als Nummer drei: der Wasserschaupfad im Umbaltal auf der Tauernsüdseite. Ein schönes, weder umwerfend gewaltiges noch spektakulär ausgebildetes Gebirgstal, durch das die Isel, der bekannte Osttiroler Fluß, seinen Weg durchs Virgental nach Osten nimmt. Eine gute Idee war es, diesen exemplarischen Bergbach aus seiner jahrzehntelangen Anonymität herauszuheben und durch die Einrichtung eines Wasserschaupfades, der den Besuchern Informationen gibt, eine Fremdenverkehrsattraktion zu schaffen. Es ist im Umbal- und im oberen Virgental nicht gleichgültig, was mit der Gebirgsnatur geschieht; wir kommen noch darauf zurück.
Matrei an der Felbertauernstraße. Dies ist der Punkt, aus der Straße auszuscheren und sich auf eine beschauliche Fahrt nach Westen zu machen, hinein ins bürgerliche Virgental, das noch keine Hochhäuser und Hotelklötze kennt. Man gondelt gemütlich durch das altbesiedelte Land um Virgen, passiert vier Straßentunnels und kommt in den Ort Prägraten, der in seinem Fremdenverkehrsbüro die hübschen, von einheimischen Kindern gezeichneten und von Dr. W. Retter verfaßten Prospekte über den Wasserschaupfad Umbalfälle bereithält. Diesen naturkundlich gut orientierenden Prospekt (er gibt sogar die Tageszeiten an, da man am Großbach, und den Unteren Iselfällen, am Schleierfall des Zoppatbaches und den Oberen Iselfällen das beste Fotolicht hat!) sollte sich jeder interessierte Besucher besorgen. Nach Prägraten kommt noch Hinterbichl (in beiden Ortschaften gibt es preiswerte Gasthöfe), das ist dann die letzte Siedlung vor dem Umbaltal. Oberhalb der Straßenbrücke in Hinterbichl schießen die Wasser des Dorferbachs auf das Rad einer alten Mühle – das Fotomotiv aller Urlauber. Beim Gehöft Streden am Eingang zum Maurertal kann man parken. Wer es von nun an genau nimmt, sieht seinen Blechesel vor Abend nicht wieder.

Bild 57. Eine gute Idee ist dieser „Wasserschaupfad“ im Umbaltal auf der Tauernsüdseite. Man biegt von Matrei an der Felbertauernstraße westwärts ab, um diese Wanderung in ein wasserdurchtostes, bisher noch von Geldinteressen nicht vergewaltigtes Bergtal zu machen.

Bild 58. Dies ist der sogenannte „Schleierfall" im oberen Teil des Umbaltales. Alle sehenswerten Punkte dieser naturkundlichen Wanderung sind am Weg gekennzeichnet.

Es geht westwärts durch muldiges Wiesenland, in dem Heutrockner in Form von hohen Lattengerüsten stehen. Auch solche bäuerlichen Gerätschaften sind ortstypisch, und es wäre schade, würden sie aus der Landschaft verschwinden. Hier beginnt als Fortsetzung des Virgentales das Umbaltal, das sich der Naturfreund durch einen gottlob schattigen Aufstieg in den nächstoberen Talboden erarbeiten muß, hinauf bis zum Talboden der Pebellalm (hier kann man später auf dem Rückweg zu einer Jause einkehren), wo die an die zweihundert Meter hohen Kleinbachfälle über die Felsen springen. An diesem Punkt beginnt der Wasserschaupfad, ein Rundwanderweg von einer guten Stunde (wir brauchten mit Fotografieren fast das Dreifache), der im August 1976 eröffnet wurde und bei einer Wegstrecke von knapp drei Kilometern etwa zweihundert Meter Höhenunterschied bewältigt. Er führt von den Unteren zu den Oberen Iselfällen hinauf und zeigt fast alle Erscheinungen der Wasserarbeit an verschieden hartem Felsgestein.
Im weiteren Umbaltal verläuft von Ost nach West die Grenze der Oberen Schieferhülle der Hohen Tauern. Der Untergrund des Tales und seiner besonnten Nordhänge bilden Grünschiefer und Hornblendefels (Amphibolit), die schattigen Südhänge bauen Kalkglimmerschiefer und Phyllite (kristalline Schiefer) auf. Da die schwachen Schieferungszonen des Gesteins in der Fließrichtung des Baches verlaufen, findet das Wasser nur wenig Widerstand und kann sich rasch in die Tiefe arbeiten, woraus sich die klassische V-Form des Tales ergibt. Im Bach selbst sieht man häufig Gesteinsinseln aus Grünschiefer, die etwas unterhöhlt sind, so daß man sie für herabgestürzte Steintrümmer halten könnte; sie sind aber als härteres Gestein mit dem Untergrund fest verwachsen und zeigen, wie der Bach sich um sie herum in die Tiefe nagt. Aber auch harter Fels wird im Jahr durchschnittlich um ein bis zwei Millimeter abgeschliffen, und der Bach frißt sich in zehntausend Jahren um fünf bis zehn Meter in den Fels hinein. Das etwa eintausend Meter tiefe Umbaltal ist also das Werk von einer Million Jahren schwerer Wasserarbeit.
Die Isel führt als Gletscherbach, besonders bei großer Aktivität im Sommer, kein klares Wasser, sondern ist milchig gefärbt. Diese Wassertrübung, die man „Gletschermilch" nennt, wird aus mineralischen Schwebstoffen gebildet, die der Gletscher, also der Umbalkees, vom Fels abgerieben hat. Ein Gramm solchen Schwebesandes führt ein Liter des Gletscherbaches mit sich, und diese Feinmineralien können sich über weite Strecken nicht zum Grund absetzen, weil Wirbel und Drehungen des Bachwassers ihnen keine Ruhe lassen.
Es gibt einen „Illustrierten Führer durch das Pusterthal und die Dolomiten mit Ausflügen in die Glockner-, Rieserferner und Zillerthales-Gruppe" von Josef Rabl aus dem Jahre 1882. Schon damals, als das Reisefeuilleton und die Hochgebirgstouri-

Bild 59 (links). Blumen im Umbaltal. Hier der Gelbe Enzian (*Gentiana lutea*), dessen Wurzeln für den Enzianschnaps verwendet werden.
Bild 60 (rechts). Die schöne Türkenbundlilie (*Lilium martagon*) blüht an den Ufern des Flusses Isel, der als Bergbach durchs Umbaltal fließt.

stik noch nicht im Schwunge waren, sah sich dieser Besucher von diesem Stück Bergland hingerissen. Er schwärmt: „Von der Mündung des Dorferthales aufwärts führt das Thal des Iselbaches den Namen Umbalthal. Dasselbe wird an Schönheit der Felsscene Gebirgsbilder und Wasserstürze von keinem anderen Tauernthale übertroffen . . . Zur Rechten donnert die Isel herab. Ihre Ufer gleichen natürlichen Steindämmen, vom Wasser selbst aufgeworfen. Malerisch gelagerte Felsen stemmen sich ihrem Sturze entgegen und riesige Felsfragmente starren schwärzlich aus dem weißschäumenden Elemente hervor. Gestürzte Baumstämme haben sich quer darüber gelegt. Die Isel entfaltet hier einen Reichtum an Wasserscenen originellster Art, wie kaum die reichste Phantasie sich vorzustellen vermag". Dem hat der Beobachter von heute nichts hinzuzufügen. Nur eines vielleicht: Die Isel im Umbaltal, die Wassergüte Nummer eins hat, ist trotz der etwa 700 Besuchern an den Sommertagen bemerkenswert sauber geblieben. Nichts stört ja die Wasserschau in anderen Tälern mehr, als wenn zwischen den Felsen knallrote Bierbüchsen, senfgelbe Plastikflaschen

Bilder 61–63 (links und oben). Auf solchen Felsen in und am Bergbach finden sich die farbenprächtigsten Flechten, die immer ein Fotomotiv abgeben.

oder sonstiger Wohlstandsmüll hängt und dem Besucher das ganze Bild vergällen. Im Bereich der unteren Iselfälle geht der Schaupfad durch Bergschluchtwald aus Fichten und Lärchen. Der allgegenwärtige Wasserstaub läßt auch feuchtigkeitsliebende Weiden, Traubenkirschen und Ebereschen gedeihen. Auch Johannisbeere (*Ribes rubrum*), Christophskraut (*Actaea spicata*), Eisenhut (*Aconitum napellus*), Greiskraut (*Senecio doronicum*), Alpendost (*Adenostyles glabra*) und Meisterwurz (*Peucedanum ostruthium*) wachsen hier. Auf den Almwiesen um die Blinigalm fallen Flockenblumen (*Centaurea*), Brauner Storchschnabel (*Geranium phacum*), Echter Speik (*Valeriana celtica*), Alpenlichtnelke (*Lychnis alpina*) und die Ährige Teufelskralle (*Phyteuma spicatum*) unter vielen andern auf. Für Fotografen, die einen warmfarbenen Vordergrund zu dem eismilchigen Wasser suchen, bieten sich die dekorativen, roten Blütenkörbe der Wollköpfigen Kratzdistel (*Cirsium eriophorum*) als Vordergrund an.
Am höchsten Punkt des Wasserschaupfades, der bis auf 1710 m hoch geht, begrüßen den nun schon etwas schnaufenden Naturfreund der Alpenmilchlattich (*Cicerbita alpina*), der Weiße Germer (*Veratrum album*), der Südliche Wolfseisenhut (*Aconitum

◀ Bild 64. Diesen herrlichen Blick auf die Gletscher des Großvenedigers (3674 m) kann man genießen, wenn man, von Matrei kommend, vor dem Eingang zum Felberntauerntunnel ins Gschlößbachtal abbiegt und hinter dem Matreier Tauernhaus des Sessellift zur Station Venedigerblick (1986 m) nimmt.

lamarckii), im Frühling der Seidelbast (*Daphne mezereum*) und im Sommer in großen Mengen der wunderschöne Türkenbund (*Lilium martagon*).

Manche Flanken des Umbaltales, besonders auf der Sonnenseite, sind kaum bewaldet. Hier ist schon im Mittelalter, als Armut die Leute drückte, gerodet worden, um Bergheu zu gewinnen. So holten die Bauern von Prägraten zwei Drittel des benötigten Heus von den Bergwiesen, die oft über 2000 m hinaufreichen und fuhren im Winter auf Schlitten ab. An die tausend Fuder Heu wurden da aus dem Umbaltal gezogen, und diese Bergwiesenpflege hatte zur Folge, daß sich ein reicher Flor an Orchideen einstellte. So etwa das Schwarze Kohlröschen (*Nigritella nigra*), dessen Vorkommen sogar die Wanderkarte mit der Bezeichnung „Kohlröschenwiese" ausweist. Seit die Mäharbeit in den extremen Berglagen fast eingestellt ist, gehen auch die lichtliebenden Orchideen in ihrer Zahl zurück.

Gebirgsbäche haben ihre eigene Vogelwelt. Kein Wunder, daß man im Umbaltal die Wasseramsel und die Gebirgsstelze sehen kann, aber an den sonnigen Felsen auch den Mauerläufer, Alpendohlen und Alpensegler. Im Wasser selbst findet sich, der „Gletschermilch" wegen, nur wenig Leben, so etwa der fleischfressende Alpenplattwurm, der sich sofort zu einem Klümpchen zusammenzieht, wenn wir einen Stein umwälzen. Auch Eintagsfliegenlarven und die Larven der Zuckmücke und der Lidmücke kommen vor.

An Mineralien sind im Umbaltal Calcit, Adular, grüner Sphen, Apatit, Epidot, Byssolith und Zoisit gefunden worden.

Für die Leistungssportler unter den wandernden Naturfreunden sei erwähnt, daß man bis zur Clarahütte zu Füßen der weißglänzenden Rötspitze (3290 m) weitermarschieren kann, ganz Narrische plagen sich auch bis hinauf zum Eis der Umbalkees (2896 m), der kalten Mutter des Iselflusses. Die Dreiherrenspitze in diesem Gletschermassiv ist 3499 m hoch und liest sich gut im Bergwanderbuch. Wir bescheidenen Talwanderer ohne alpinen Ehrgeiz gehen indessen brav zur Peballalm zurück und unterhalten uns bei Würsteln oder einem Schnitzel über Probleme des Virgen- und Umbaltales. Es geht um nicht weniger als um die Zukunft dieser Landschaft und ihrer Bevölkerung; es könnte nämlich durchaus sein, daß dieser Wasserschaupfad in Jahrzehnten seine Attraktion verloren haben könnte, wenn man der Isel das Wasser stiehlt, was nicht so ganz ausgeschlossen scheint.

Bild 65. Kräftig rosa sind die Blüten der Hauswurz (*Sempervivum montanum*), die in den Tauernbergen ganze Rasen bildet.

Im Virgental hat die Flucht der jungen Leute noch nicht eingesetzt. Man will die Leute auch künftig nicht abwandern lassen, und man überlegt, wie man das Tal wirtschaftlich beleben könnte.

Es gibt sechs Skilifte im Virgental, doch erreicht die längste Piste nur 800 m, ist also nur etwas für Anfänger. Die Hänge des Virgentals stehen dem Aufbau einer bedeutenden Wintersaison ziemlich unfreundlich gegenüber; sie gehen über in die größten Gletscher-

◀ Bild 66. Im Frühling ist der Stengellose Enzian (*Gentiana kochiana*) in allen Tauerntälern häufig und kann ganze Matten blau färben.

Bild 67. Gleich nach der Schneeschmelze taucht die Alpen-Troddelblume (*Soldanella alpina*) auf. ▶

◀ Bild 68. Auch das Kalser Tal (Tauernsüdseite) hat seinen „Schleierfall". Er ist Naturdenkmal und stellt die Mündungsstufe des Staniskabaches über Gneisfelsen dar.

flächen Österreichs, in die bis heute noch nicht angetastete Welt des Großvenedigers, der eine Kernzone des vielzitierten und seit 1971 nicht verwirklichten Nationalparks Hohe Tauern ist.

Interessen prallen aufeinander: Es gibt Anhänger des Parks, und es gibt leidenschaftliche Gegner. Die letzteren fragen, ob ein österreichischer Nationalpark tatsächlich Touristen aus aller Welt anlocken wird oder ob unter der Nationalparkfahne das Virgental zu einem besucherarmen Bergbauernmuseum werden könnte, das von Naturschutzleuten verwaltet wird. Auch für ein Großkraftwerk gibt es Fürsprecher und Gegner; projektiert ist ein Stausee drüben im Kalser Tal, wohin alle Wasserläufe des Virgentales abgeleitet werden sollen. Bringt aber ein Kraftwerk neue Arbeitsplätze und Steuereinnahmen für die Gemeinden im Virgental? Oder wird die geplante Ableitung aller Bäche nicht dazu führen, daß die Bewohner des Tales in Zukunft vergeblich auf Besucher warten? Bis zu 700 Touristen und Kurgäste wandern in den Sommermonaten täglich hinauf zu den Umbalfällen; das ist immerhin ein Wort. Aber da ist ja noch der Großvenediger, der mit seinen schimmernden Südflanken sich geradezu als Skigebiet anzubieten scheint. Er und seine benachbarten Dreitausender sind noch nicht erschlossen – liegt hier der große Profit verborgen? Schon gibt es den Entwurf eines Prospektes, der zu einem Gletschergenuß im Großvenedigergebiet für die Dauer von acht Monaten im Jahr einlädt. Der Bevölkerung des Virgentales wird als Ersatz für die unerwünschte Ableitung des Wassers die Erschließung des Großvenedigers, sei es in einfacher Form oder als Skizirkus angeboten. Ein Gutachten des Österreichischen Instituts für Raumplanung in Wien schätzt allerdings die Gesamtkosten für ein Skizirkusgebiet am Großvenediger auf schlicht eine Milliarde Schilling (in DM geteilt durch sieben). Für kein anderes Skigebiet ist jemals eine solche Summe aufgewendet worden. Es steht also zu vermuten, daß die kostenfressenden, kilometerlangen Eispanzer des Berges ihn vorläufig vor seiner Vermarktung schützen. Um nicht in die roten Zahlen zu kommen, müßten die Liftanlagen an Sommertagen mindestens von 8000 Besuchern benutzt werden – ein Rummel ohnegleichen. Dreitausend Einheimischen vom gesamten Virgental stünden 8000 Besucher gegenüber.

Bleiben wir lieber bei den 700 braven Tagesbesuchern des Wasserschaupfades im Umbaltal. Sie sind das berühmte Kleinvieh, das ja auch etwas liegen läßt.

Sachregister